●广东省普通高校人文社科重点研究基地“粤西教师教育研究中心”资助项目

●广东省协同创新平台“粤台教师教育协同创新发展中心”资助项目

●教育部地方高校第一批本科专业综合改革试点“小学教育”资助项目

●广东省创新强校工程“地方高师院校教、研、创‘三力型’小学卓越教师培养模式的探索与实践”资助项目

校长智慧统筹的领导力

XIAOZHANG ZHIHUI TONGCHOU DE LINGDAOLI

丛书主编◎罗海鸥

谢耀丰 蔡丽姗 王林发◎著

江蘇鳳凰教育出版社
Phoenix Education Publishing, Ltd

图书在版编目（CIP）数据

校长智慧统筹的领导力/谢耀丰，蔡丽姗，王林发著. —南京：江苏凤凰教育出版社，2017.3

ISBN 978-7-5499-5959-4

Ⅰ.①校… Ⅱ.①谢… ②蔡… ③王… Ⅲ.①中小学—校长—学校管理—研究 Ⅳ.①G637.1

中国版本图书馆CIP数据核字（2016）第172649号

书　　名	校长智慧统筹的领导力
作　　者	谢耀丰　蔡丽姗　王林发
责任编辑	雷利军　刘艳春
封面设计	天之赋设计室
出版发行	凤凰出版传媒股份有限公司
	江苏凤凰教育出版社（南京市湖南路1号A楼　邮编210009）
苏教网址	http：//www.1088.com.cn
照　　排	北京世纪鸿文制版技术有限公司
印　　刷	三河市九洲财鑫印刷有限公司
厂　　址	河北省三河市灵山大口
开　　本	787毫米×1092毫米　1/16
印　　张	11
字　　数	163千字
版　　次	2017年3月第1版　2017年3月第1次印刷
书　　号	ISBN 978-7-5499-5959-4
定　　价	30.00元
网店地址	http：//jsfhjycbs.tmall.com
邮购电话	025-85406265,85400774　短信　02585420909
E - mail	jsep@vip.163.com
盗版举报	025-83658579

前言　教育处处是智慧

谢耀丰，广东省优秀班主任，市先进教育工作者，市级名校长培养对象。他在管理方面充满智慧，成绩卓著，一直深受业界尊重。

成绩与荣誉

自2012年开始，谢耀丰身体力行，遵循“德育立校、质量强校、科研兴校”的办学思路，形成了“三风”（“崇德、和谐、求真、创新”的校风，“敬业、博学、精研、善导”的教风，“勤思、敏学、自主、共进”的学风）形象，办学质量走在全市同类学校前列，为社会培养了大量优秀人才，所获成就深受大家赞赏。

谢耀丰担任校长的D中学如今是优质生源基地，先后荣获省一级学校、全国读书育人特色学校、市文明单位、市管理先进单位、市“双优”学校、市职工职业道德建设先进单位、市“五四”红旗创建先进单位、市九年义务教育规范性学校、市德育示范性学校、市创建“平安校园”先进单位等称号。

学习与创新

1987年，谢耀丰毕业后成为一位新教师，他需要面对很多问题，如怎样适应新环境，如何与同事相处，如何让学生学得更好，等等。这一切对于他来说，都是如此陌生，让他时而紧张，时而尴尬，时而无奈。最初，他只能“随波逐流”，其他教师做什么，就跟着做什么。慢慢地，经过几个月的磨炼，他终于感觉自己适应这份工作了。恰逢有一个机会，区教育局要求新教师必须上一次汇报课。这让他心惊胆战，因为自己从来没有在那么大的场合上过公开课。从准备到结束，谢耀丰都处于神经紧绷的状态，可想而知，这次汇报课他并不是赢家。但是，他没有气馁，而是不断地反思、总结。他从教学中获得了很多经验，也成长了很多。

2008 年，谢耀丰任 M 中学校长。当时，M 中学以学生考试分数作为评价教师的唯一标准，不开设与考试无关的科目，教师只教不研，经常加班加点来为学生补课，却极少关注学生的兴趣和成长，校园成为师生最不留恋的地方。谢耀丰认为，教师与学生如果无法回归到自己真正的位置上，那么教育管理就已经达到非改革不可的地步了。谢耀丰决定从改变管理制度着手，但是，问题又来了，该如何改呢？他采取了四项措施：一是改变教师评价标准，学生成绩不再是对教师的唯一评判标准，德、能、勤同样重要；二是关注教师专业发展，开展“联片教研”，搭设各种教研平台，营造浓郁的教研氛围；三是注重校园文化建设，大力开展文化活动，展示学生的个性和特长；四是坚持以德育为本，以“赞身边榜样，议身边事情”活动为载体，切实开展养成教育，培养学生良好的行为习惯。经过两年的努力，M 中学的面貌焕然一新。虽然在这一过程中遇到不少困难，但谢耀丰也品尝到了胜利的果实。

2010 年，谢耀丰任 D 中学校长兼党支部书记。在这里，谢耀丰面临着更大的挑战，他的管理智慧也得到全面的展示。谢耀丰有一套独特的做事方法，对事物有深刻的见解，处理事情游刃有余。在课改初步启动的时候，面对教师公然“唱反调”的难题，谢耀丰能以身作则让大家心服口服；面对不断滋生是非的人员，他能责于私下，让其心生羞愧；面对琐碎杂事，他能有条不紊地处理好。作为校长，他从来不与上级争锋，不与同级争宠，不与下属争功，不与学生争气，“四不争”就是大家给他的雅号。时光荏苒，如白驹过隙，虽然谢耀丰走上校长这个岗位已有很多年，但从不觉得厌倦，因为他认为自己从事的是意义重大而又让自己人生精彩的事业。

1987 年，谢耀丰师范毕业后便走上了教育之路，从那时起他的人生大事便与教育连在了一起。当普通教师时，他的人生大事是当一名好教师；当校长时，他的人生大事是当一名好校长。从教师到校长，一直以来，他都在不断思考：面向 21 世纪，我们的教育应该培养什么样的人才？怎样才能够培养出这样的人才？

改革与挑战

2010 年，谢耀丰到 D 中学赴任，很快就发现这所学校存在一种反常现象，就是"劣质风气，如乌云笼罩，久而不散"。

D 中学创办于 1969 年，位于市郊区。与经济发达地区的学校相比，D 中学的差距不在于硬件设施的不完善，而在于校园文化建设的滞后。从传统意义上讲，D 中学仍旧是一所普普通通的农村中学，仍旧面临着农村中学存在的普遍问题。具体表现为以下几方面：部分学生消极应对学习，千方百计寻找理由逃避上课，争吵打架已成了家常便饭；部分教师责任心不强，教学情绪低落，教学质量呈两极分化状态，整体水平不高；教师喜欢"结帮拉派"，大家互不信任，相互拆台。种种劣质风气挥之不散，犹如一层乌云笼罩在 D 中学的校园上空。

而社会的实际情况是，随着生活水平的提高，大家已不满足于子女"有学上"，而希望子女能"上好学"。换句话说，D 中学的这种状况已不能满足人们期望子女上"名校"的需要。面对这样的现实，谢耀丰没有退缩，反而下定了挑战困难的决心。接下来，谢耀丰着眼于构建校园文化新体系，以校本研修为载体，毅然走上了"打造学生成长乐园，为学生谋求终身幸福"之路。有人说："未经历坎坷泥泞的艰难，哪能知道阳光大道的可贵；未经历风雪交加的黑夜，哪能体会风和日丽的可爱。”同理，未经历挫折和磨难的考验，又怎能体会到成功的喜悦呢？在引领D中学发展的艰难的过程中，谢耀丰凭借自己惊人的毅力与智慧，攻克了一道道难关，做出了非凡的成绩，为D中学的迅速发展奠定了坚实的基础。

对于上述“面向21世纪，我们的教育应该培养什么样的人才”这个问题，作为一名中学校长，谢耀丰用了这么一段富有深意的话来回答：基础教育应为学生终身发展、终身幸福奠基。教育的本质是为了人的发展，基础教育是学生终身发展的基础。教育，从其主要目的来看，就是为人的幸福生活奠基；就其过程来说，它本身就应该是幸福的。因此，学校应该成为一个让学生幸福、快乐地成长的地方，学生、教师和校长都应该从中获得一种幸福感。这应被视为学校成功的最终标志。

如何让学校扭转乱势，重上发展轨道，谢耀丰认为关键在于教师，核心是重建教师文化体系，扭转教师的价值取向，提高教师的工作积极性。到任后，他组织全校教师进行了一次大反思、大讨论：在学校办学历史上，哪些阶段发展较快？哪些阶段发展最慢，甚至倒退？大家发现，当所有人能够抛却私心、团结一致时，学校发展较快；反之则慢，甚至倒退。

接下来，谢耀丰全力开展四项工作：一是师德建设，评选并表彰“敬业之星”“最受欢迎园丁”“最美教师”，组织“师言师语”演讲，弘扬敬业爱岗精神，指引师德建设正方向；二是改革报酬体系，调动大家的积极性；三是成立教师代表大会，让教职工参与决策，创设相互信任的气氛，使校内舆论统一；四是建立评先、评优考核机制，将德、能、勤、学、绩五方面的评价相结合，探索出学校评价与学生评价相结合的评价机制，打破以往“平均主义”“轮流坐庄”的旧观念，重树正确的价值取向。通过以上努力，学校有效地扭转了混乱局势，驶上快速发展的轨道。在这一文化体系的重建过程中，大家达成了一个共识：学校要想重新发展，全校师生就必须团结协作、奋发进取。

谢耀丰是个勇于尝试的人，并不想安于现状，他认为局势稳定只是迈向办学理想的“万里长征”的第一步，紧接着第二步要考虑如何才能提升学校的办学水平。他根据学校的实际情况，并在借鉴一些名校成功经验的基础上，确立了“德育立校、质量强校、科研兴校”的办学思路，将“打造具有鲜明特色、具有影响力的区域性名优学校”作为学校的阶段性发展目标。沿着这个思路，他带领大家分别从“推进课堂改革”“打造成长乐园”和“创建特色文化”三个方面来努力。

首先是推进课堂改革。经过探索实践，谢耀丰认识到，必须将教师专业发展、教育管理作为改革的主要支撑点。在教师专业发展方面，主要采取三种校本教研模式，分别是课题引领、名校结对、同伴互助。而课堂改革的成败又决定于教育管理质量的高低。谢耀丰遵循“权力下放，责任上移”的管理原则，严格要求把工作落到实处，责任细化、落实到人，实施问题追究制。在日常管理中坚持立体型管理模式，即将校级中控式宏观管理、处室分布式中观管理、班组节点式微观管理和值日流动式现场管理相结合。实现科学管理的最后一个关键制度是评价制度，学校在这方面有学科组管理评价、优秀教师评价、班级管理评价、课堂评价等，在具体实施时，谢耀丰更侧重于评价的规范作用、导向作用和激励作用。

其次是打造成长乐园。现代教育心理学认为，一些表现比较差的学生，在校时只有人格得到尊重，个性能够张扬，兴趣得以满足，有归属感、成功感时，才能减少对学校的破坏，才能逐步改正不良习惯，才能慢慢对学习产生兴趣，逐渐在日常生活和学习中养成良好的行为习惯，才能谈得上发展。谢耀丰致力于把学校打造成为让学生喜爱、留恋的成长乐园，倡导形成“崇德、和谐、求真、创新”的校风。在谢耀丰的带领下，学校做出了两方面的努力。一是积极开展“阳光大课间”“毽球比赛”“拔河比赛”“篮球比赛”“校运会”等体育活动，以及“校园十大歌手”、元旦文艺晚会和五一文艺晚会等艺术活动，为学生提供了自由发展的空间、表现自我的平台，既丰富了校园文化生活，又有利于全面提高学生的综合素质，让每一个学生都获得成功感，增强学生对校园的归属感。二是确保每个贫困生不因贫困而失学，学校多渠道筹措资金，关爱贫困生，救助贫困生；同时与市、区妇联合作，成立“留守儿童快乐家园”，关爱在校的每一个留守儿童，为他们提供最贴心的关怀与帮助，让他们也能感受到家的温暖。此外，学校还积极开展青春期健康教育、心理健康教育，通过设立心理工作室，开设心理健康课程，并根据不同年级学生的身心特点，分别开展了“我成长，我快乐”“成长在线”“我看早恋”等主题教育活动，从而实现了对青春期学生的正确引导，引导学生积极、正确地看待挫折，学会尊重、学会宽容、学会关爱、学会与同学交往，从而身心健康地成长。

最后是创建特色文化。2015年，D中学领导班子结合当地实际，开始着手建设以“大钢梦·绿色梦”为主题的特色文化校园，采取多种形式、借助多种载体，让追梦文化、生态文化走进校园，大大激发了师生为实现家乡经济腾飞而读书的梦想，为进一步促进学校发展注入了强劲的动力。为了打造好“大钢梦·绿色梦”特色文化校园，D中学开展了一系列特色项目活动：一是成立学生社团，如物理、化学、生物等学科兴趣社团及“小记者”社团，吸引更多的学生积极参与到特色文化校园的创建活动中来。二是开展系列特色项目活动，如开展“为实现梦想而读书”系列主题班会活动；开展“昨天·今天·明天”征文比赛；举办“绿色梦”文艺晚会等。三是设置特色主题文化长廊，这种图文并茂的展现形式，营造出较为浓厚的具有文化特色的氛围。

谢耀丰办学思想的形成，是一个较为漫长的实践积累与理性思考的过程，是一个千锤百炼的过程。建立一种比较系统的办学思想体系，需要进行长期的实践、创新、思考和科学归纳。在这漫长的过程中，他会遇到很多困难，如怎样提升管理能力，怎样建设一支好的教学团队，怎样协调好和上级或下级的关系，怎样选人、用人及育人，怎样统观全局把握细节，等等。这一切困难的攻破，都让他在日积月累中形成自己特有的智慧。

如果说谢耀丰教育管理的成功有什么捷径可言，那就是学习再学习、实践再实践、反思再反思。谢耀丰爱读书，一直秉承着“活到老，学到老”这一理念，他经常利用休息时间来读书。晚上，你可以从他办公室的门缝里看到一丝灯光透出，周末，你会看到他在图书馆不停地翻阅书本。他酷爱管理方面的书籍。不仅如此，他还带领大家一起研读教育管理方面的著作，乐此不疲。他是一位令人佩服的校长，用谦虚、关爱、宽厚打动了大家。毫无疑问，这些优秀品质，正是谢耀丰的与众不同之处。

目录

第一章

背智慧之囊行走人生

长期驰骋在竞争形势严峻的职场中，人一旦离开一个岗位，就会带着各种背景与经验来到新的岗位，如此更迭，似乎人生面临着一次又一次新的开始。要想在某一领域长期坚守，必须具备所在行业的智慧。身上若能背有这副智慧行囊，行走人生就可以游刃有余。谢耀丰正是这样一位带着管理智慧行走职场的教育管理者，这份智慧赋予了他很大的人格魅力。在充满竞争的职场中，谢耀丰是如何用汗水编织出了自己的智慧行囊，并以此让自己脱颖而出呢？

英国有一句名言“知识是智慧的火炬”。“火炬”是指照亮前方道路的工具，只有当一个人习得了更渊博的知识时，才能丰富自己的智慧。智慧对一个人来说，就如同照亮黑暗的火炬，能引领你走向成功。一个人想拥有睿智的头脑，储备丰富的知识是毋庸置疑的前提条件。没有智慧的头脑，就像没有蜡烛的灯笼。也可以说，没有智慧的人，就像是没有驾驭技术的骑手，会被马随时掀翻。为了当一名合格的骑手，谢耀丰在获取管理智慧的路上从不松懈。而他能获得这样的智慧，取决于他在学习态度、学习毅力和学习能力等方面不断提升自我，也得益于其所处的校内外环境。

20 世纪八九十年代，中等师范学校所培养的教师很多都是学习上的佼佼者，谢耀丰便是其中一员。参加工作以来，无论是岗位培训，还是平时学习，他一直都积极参加，让自己的知识随着时代的进步及时更新。从一名刚入行的年轻教师开始，经过十多年的探索与实践，谢耀丰在教育教学中崭露头角，彼时他已是某中学的政教处主任。为了能学习到更加系统、丰富的管理知识，他决定加入到自考大军中，一边工作一边参加自学考试。

不久后，谢耀丰到市教育局报名参加自学考试。那天，他发现负责报名工作的是他的一位老同学，两人眼神对视的时候，一些往事便浮上他的心头。老同学是谢耀丰中师的同班同学，两人的关系因毕业时单位分配而变得很微妙。当时有三个好的分配名额分给他们班，这些名额好的地方就在于只需要到农村小学锻炼两年，然后便可分配到市属单位。争取这个名额的毕业生必须具备一个前提条件，就是在校期间必须连续三年被评上“三好学生”。谢耀丰的成绩一直在班上名列前茅，连续两年被评上“三好学生”。毋庸置疑，如果不出问题，最后一年的“三好学生”也是他的囊中之物。然而，到了第三年，他的学习大不如前。同班的同学观察到他上课时注意力不集中，经常走神。平时都能快速回答老师在课堂上的提问，现在却不能答出，有时候还表现出极为不耐烦的情绪。平时的生活中，他时而激动，时而伤感，时而紧张，还常常出现失眠的情况。家人也感受到谢耀丰的变化，迅速带他去了医院。经医生确诊，谢耀丰患了神经衰弱症。医生认为谢耀丰平时学习过于努力，使大脑过度紧张，导致植物神经功能紊乱，建议他暂时放下学习，回家修养，调整好自己再返校。尽管谢耀丰在不久后就可以毕业了，但考虑到他的健康，家人选择让谢耀丰休学一年。

休学对于谢耀丰而言除了“失”，同样也有“得”。休学一年后，谢耀丰心理状态调整得很好，复学后带着极大的精神动力去学习，不再将学习当成一个包袱。而他的一年“隐退”，让排在第四名的同学评上了“三好学生”，是今天遇到的那位同学。谢耀丰因此失去了那个宝贵的机会，毕业后到了一所农村小学任教。但他不甘于现状，而是勤奋学习，通过各种方式提升自己的能力。

那位同学从中师毕业后，前两年在农村小学支教，然后去了市教育局。10 年后，他依然是一位普通科员。他常说：“人一辈子就那么回事儿，何必找那么多事情折腾，有一份稳定的工作就够了！”

这里也许大家都想问一个问题：谢耀丰明明有稳定的工作，为什么还要不遗余力地获取更高的学历？根据彼得·德鲁克的回馈分析法可以发现，许多人，特别是在某个领域知识渊博的人，容易认为要小聪明就可以，不用继续学习了。很显然，这种人往往难以取得卓越成就。因此，我们需要克服井底之蛙般的狭隘、傲慢，努力学习能够使我们充分发挥自身优势的知识与技能。谢耀丰此时参加自考，花大量时间来学习教育管理，就是这个道理。从报名后开始，谢耀丰随身的包里永远带着课本，有时候在公交车上也看书和复习。出差时，无论是在火车、飞机上，还是在宾馆中，点点滴滴的时间都被他利用起来。

每个人对生活的追求是不一样的，那位同学有了很好的就业机会，就没有继续学习，只是领着一份薪水得过且过地打发时光。谢耀丰可不一样，自参加工作以来，看到身边的同事大部分都是专科或本科学历，无形中给他造成了很大的压力。我们知道，虽然学历并不能代表能力，但是在目前，学历、学位依旧是职务晋升、求学就业的重要筹码。当时谢耀丰已经是政教处主任，还兼教物理，想学习只能忙里偷闲、见缝插针了。他给自己确定了目标：三年内，争取一次性通过全部考试，系统地掌握教育管理知识，让自己在学校管理能力上提升一个层次。

两个老同学10多年没见，便约在大排档吃夜宵。交流中，谢耀丰发现这个同学现在的生活只是表面风光，其实是勒紧裤腰带过日子。几年前他的日子还好一点，现在竞争越来越激烈，身边的高手越来越多，他的处境也艰难了。谢耀丰说了一句话，让老同学颇感意外："现在的一切不代表未来，还有许多机会可以学习，最重要的就是让自己对生活有所坚持，让自己永远充满活力。"从这句话可以看出，谢耀丰可以忍受短时间的平淡，但不会让自己永远平庸。有位作家把男人分成三类：有的男人为创造生活而生，有的男人为享受生活而生，有的男人为抱怨生活而生。谢耀丰无疑属于第一类，他的骨子里有种不服输的执着精神，他对个人的未来有着长远的规划。

人在对生活满足之余，还得保持着自己的追求。这就是谢耀丰的个性，是他一直坚持学习的缘由。在教育实践过程中，他有过成功，也有过失败，他明白需要继续提高自身的能力，以获得更大成功。心理学指出，自我知觉是指一个人对自己的思想、感情、需要、欲望、动机、个性等的认识。人贵有自知之明，自我知觉可以激发起人的自尊心、自信心、事业心、荣誉感等，从而推动人们学习的进步、工作和事业的发展。

一段时间的准备后，谢耀丰报考的5门课程，最低得了80分，其他全部以高分通过。这看似"得来全不费功夫"，其实是经过他充分的准备才产生的美好结果，这给了谢耀丰很大的信心。此后，他又陆续报了几门课程，考试通过的科目比较多，唯独英语让他难堪。在自学考试的第三年，还有三门课程需要考试，谢耀丰想一鼓作气通过，这样就可以毕业了。在这个时候，他晋升为副校长，这是一个非常重要的职务，谢耀丰不敢懈怠，就一门心思放在工作上。这一年，自考成绩出来后，给了他当头一棒——英语没有通过！

人活着不管是在做什么，都是在寻求一个肯定。无论是在漫漫的自考道路上，还是在光怪陆离的人生道路上，谁都不可能永远扮演着失意者的角色，也不会永远获得成功。谢耀丰坚信："不管身居何地、何职，我们都需要时时保持清醒的头脑，时时进行反思，时时学会总结。因为人生最危险的时刻往往是在春风得意时；而最失意的时候，恰恰是一切都有可能的时候。"所以，他才一直坚持让自己读书、考试。

有一个管理规律是这样的："任何人在走向事业成功的道路上，往往不能够一帆风顺。只有历经沧桑，才能够积累经验，才能够塑造出一个不一样的管理者。"而困难与折磨对于人来说，就是一把砸向坯料的锤，打掉的应是脆弱的铁屑，锻成的将是锋利的钢刀。所以，要成为有用的钢刀，就要经得起铁锤的千锤百炼。英语考试的失败让谢耀丰不敢再掉以轻心。为了学好英语，他利用周末的时间偷偷到大学里去旁听，给自己补课。对于学习英语的艰辛，谢耀丰还是有一定思想准备的，他一直随身携带着英语课本，一有空就拿出来学习。他不会忘记初学英语时的痛苦，然而，他在痛苦中一直坚持着。

也有人觉得，生活没有彩排，每一天都是现场直播，哪里需要积累和坚持呢？这只不过鼠目寸光的表现罢了。阿里巴巴集团董事局主席马云曾分享过星巴克老板舒尔茨给他讲的一个故事：舒尔茨有次去英国出差，在伦敦最繁华的地方看见在很多名牌店的中间夹着一个非常小的店铺，小店铺在卖最便宜的奶酪。他很好奇地走了进去，见一位老人在整理奶酪，他问："老先生，这里是寸土寸金之地，您卖奶酪的钱够付房租吗？"老人说："买十英镑的奶酪我再回答你。"于是，舒尔茨买了十几英镑的奶酪。"年轻人，你走出店门向外看看，"老人说，"这街上所有你看见的豪华店铺基本上都是我们家的地产。我们家几代人全卖奶酪，赚了钱就买些店铺。但我和我儿子现在还是卖奶酪……因为我们喜欢卖奶酪。"成功从来都不是偶然的，坚持做自己，坚持做自己热爱、相信的事，这是他从故事中得来的启示。有些事看起来很难，其实做起来很容易；有时做起来很难，看起来却很容易。

现在很多毕业生在初入职场后，难免会遇到阻碍，如待遇不好，升迁困难，或者一开始就走错了方向等。这时，冲动的人就会选择辞职。确定正确的生活方式，是要经过慎重的考虑的，如果冲动地辞了职又发现再难入职，就会把自己逼到尴尬的处境里去。要想做一个对生活有责任感的人，就要把自己塑造成一个有思想的人，时刻对自己的经验进行梳理、总结，将其提升为智慧。

智慧箴言：在生活中应该不断为智慧“充电”，努力坚持学习，为人生积蓄满满的能量，在需要的时候，这些智慧自会派上用场。

在人生路上，往往会面临各种各样的选择，选对了，并能坚持下去，才能成为最后的赢家。临近自学考试的那段日子，恰恰是谢耀丰忙得不可开交的时候。尽管如此，谢耀丰依然坚持每晚完成工作后还留在办公室里学习。一天晚上，工作完成时已是深夜 12 点了，他身心俱疲，睡意很浓，但想到上次英语考试失利的教训，他又强打起精神，打来一桶凉水浸泡双脚，以此来振奋精神和驱走睡意，直至学习到凌晨两三点。真是“皇天不负苦心人”，谢耀丰终于通过了英语考试。之后他一鼓作气，完成了论文，通过了答辩，顺利获得了本科文凭。正是靠着这份坚持与拼搏，谢耀丰不仅工作出色，而且收获了沉甸甸的知识。

谢耀丰觉得在生活中应该不断为智慧“充电”，努力坚持学习，为人生积蓄满满的能量，在需要的时候，这些智慧自会派上用场。这也说明，当一个人用心做事的时候，什么难题都不是难题，难的是坚持。无论是坚持自学考试，还是参加培训学习，体现的不仅是谢耀丰的毅力有多强，更是他的智慧有多深。一个有理想的人，若想走得更远、更好，还得靠自己的坚持。如果一味自我满足，只会让自己的生活平淡无味。

古人云：“骐骥一跃，不能十步；驽马十驾，功在不舍。”同样，成功的秘诀不在于一蹴而就，而在于你是否能够持之以恒。一个身居校长之职的管理者，想要抽出专门时间用于自考，是一件挺不容易的事。你看，大学生的课余生活非常丰富多彩，他们可以去旅游、约会、唱歌、参加社团活动……到了考试时还有专门的时间进行复习。但是，像谢耀丰这样的自考生，除了全职工作、处理家庭琐事，只能抽空学习，准备考试，能坚持下来真的非常不容易。

管理学中有一个规律叫“社会惰化效应”，是指个体在群体中的工作成果不如单独一个人工作时那么好的一种倾向。正如一首歌里唱的“一个和尚挑水喝，两个和尚抬水喝，三个和尚没水喝”，这说明在人多的情况下，成员会出现相互推诿的现象，也就是出现“1＋1＝0”的现象。所以，我们要懂得如何和一些志同道合的人一起奋斗，增强归属感，消除孤独感。另外，要学会在集体中将目光多放在自己的长处上，不盲目和他人比较。

“三人行，必有我师焉。”这是孔子说过的话，谢耀丰很喜欢这句话，并以此为行动导向，常常向人虚心求教，因此结识了一批优秀校长。谢耀丰务实和好学的态度得到众多前辈的赏识与指导，所以他进步也很快。在现实中，有不少校长的观念过于功利，认为理论学习没有必要，这不仅会局限他们的视野，也很容易导致他们陷入经验主义中。要不断为自己的管理智慧注入活力，及时让观念得到更新，才不会落在时代的后面。在求学道路上，谢耀丰执着、努力、目标明确，这些都是值得我们学习的品质。

智慧箴言：作为管理者，要不断为自己的管理智慧注入活力，让观念及时得到更新，才不会落在时代发展的后面。

谢耀丰在自考的这段时间，也在一些城市见到一些老同学，了解了大家的近况。能在安稳工作之外提高自己的人并不多，像谢耀丰一样能够获得本科学历的，也不多。一纸学历并不代表什么，可贵的是谢耀丰坚持对管理知识的学习。把宝贵的时间都拿来学习理论知识，这并不是没有用的。在管理者的管理历程中，背囊里的智慧都是需要提前装好的。

正是凭着扎实的管理知识，避免误入很多管理盲区，谢耀丰的管理得以进入快车道，并取得了丰硕的成果。谢耀丰经过多年的探索、实践及借鉴，教育管理背囊里已装有很多智慧，为下一步的发展储备了充足的能量。作为学校的领导者，他除了做好教师发展的带头人、学校文化的促进者，还有很重要的一点就是做好上通下达、左右协调的工作，为学校发展提供了保障。在工作的时候，他首先遇到了三个考验。

第一，同事与其意见不合，发展遭遇坎坷。

第二，教师队伍极不团结，管理阻碍多。

第三，教学质量低下，教师容易聚众闹事，学校的社会声誉低。

这些问题都给谢耀丰带来了极大的挑战。

在平常的生活中，谢耀丰是一个不善言辞的人，他为人低调，做事也不张扬。他所做的一切努力，都是为了让自己的生活充实、心灵充实，而这些努力也正是管理智慧的原始积累。教育管理是不是仅靠管理理论、管理方式、管理策略就能够完全解决问题呢？且看谢耀丰如何优化管理智慧，做到让下属佩服、让家长放心的。

方法一　世事如棋，让一着不会亏我

竞争与谦让是一对对立的概念。既然当得了一个学校的领导者，说明他能以德行感动人，能巧妙运用原则和道义来约束人。在为人处世上，谢耀丰认为首要的原则是学会“让”，人与人之间互相谦让，关系才会和谐。何谓“让”？谢耀丰告诉我们他的六字秘诀，即“平”和“勤”、“巧”和“窍”、“守”和“收”。

第一，要学会“平”和“勤”。“平”指做事要公平合理，有平等的意识。人作为独立的个体，有自己的尊严和人格，做事平等、公平，是一个人有着长远目光的表现。它要求领导者对每个人都有平等意识，无论是对上级也好还是对下级也罢，不戴着有色眼镜看人。特别是对下级，更要有一种平等的意识。“勤”是指做事不偷懒，为人勤勤恳恳。处在社会的大环境中，人与人共事是常态，要懂得互相谦让，以谦逊的姿态多做些事。

要常怀宽宏大量的心，不能因为一点鸡毛蒜皮的事而打破人与人的和谐关系。

第二，要懂得“巧”和“窍”。“巧”即巧妙、精巧。谦让从狭隘角度看是牺牲了个人的一些利益，但是要从全局看，则可达到多方共赢的局面。“让”的本质特点，就是人与人之间的互相帮助和相互欣赏，它可巧妙地化干戈为玉帛。“窍”则指诀窍，找到解决问题的好办法。你让步，我让步，条条大路通罗马。

第三，要做到“守”和“收”。“守”是指要坚守自己的原则，谦让不是无原则、无限制的“让”，领导者要会做人，但做人不是无原则地当老好人，不是面子上与私底下两副不一样的嘴脸，而是做真正无私的人。工作中坚持自己的原则，实事求是，不能因为一些人的私利而打破自己的做事原则。“收”则是指要把握好自己所拥有的权利或资源。公私分明，做事要有理有据，不可滥权和越权，坚决抵制不正之风，要有收放自如的心态。

“平”和“勤”、“巧”和“窍”、“守”和“收”，这六字秘诀是谢耀丰管理智慧行囊中最重要的“让”术。

谢耀丰做事会先遵守“平”和“勤”的原则。他在当政教处主任的时候，大家都觉得他是工作中最卖命、最用心的人，他的表现都是有目共睹的。刚好那年学校领导班子换届，其中一个空缺职位就是副校长。副校长的人选是从政教处正、副主任中产生的，和谢耀丰一起竞争的是副主任。无论是论资历还是论能力，按优胜劣汰的规律来说，大家都觉得副校长的位置非谢耀丰莫属。但是，任命书发下来时，大家才发现晋升为副校长的竟然是副主任，而谢耀丰的职位没有变动。更让人恼火的是，一个曾是下属的人居然成了上司。谢耀丰心里也有些不舒服，但他看得开，在这个结果上并没有纠结太久，而是支持上级的决定，继续勤勤恳恳地做好分内的事情。

这件事情过后，谢耀丰更加明白了“巧”和“窍”的重要性。有一天，同事问谢耀丰：“副校长不是由你来当，难道你不会觉得不公平吗？”

谢耀丰说："领导的安排总有他的道理，况且结局已定，竞争本来就有输有赢，有进有退，错过一次机会不代表再没机会，这次落选反而是一次很好的反思机会。"他选择了不争，或许大家都会觉得他吃亏了，但上级领导对他的表现看在眼里，放在心上，知道谢耀丰是个懂得以大局为重，知道在适当的时候让步的人。

对"守"与"收"的把握，让谢耀丰在发展的道路上更加顺利。许多人在升职不成功之后，就会产生惰性，甚至有埋怨的心理。而谢耀丰并没这样的情况，他还是坚守在岗位上，热情、积极地协助副校长的工作，负责管理好德育工作，并且还不忘谦虚好学，时常向别人求教。工作连带的任务让人并不能在工作时间的八小时内完成，谢耀丰常因为想把事情做得更好就自行留下来加班，还经常热心地帮同事们处理一些小事。做任何事情，他绝不拖泥带水、斤斤计较，收放自如的心态着实让人佩服。而他所坚守的一切，也是对自己的一种修炼，这是不是意味着另外的机会在等待着他？

世事如棋局局新，让人一着不会亏。像谢耀丰这样为人处世的态度，纵使有些机遇没让他赶上，失落在所难免，可他也能重拾乐观心态，一如既往地做事、学习，甚至比原来更用心、更用力。机会总会在适当的时机垂青努力的人。不久之后，原副校长被调离学校，谢耀丰因工作表现出色接任副校长之职；过几年，又晋升为校长，并调到 D 中学任职。

通过努力，谢耀丰一步一步获得了成功。但是在职场中，难免会受到来自对手的刁难和同事的不配合，谢耀丰又是如何见招拆招的呢？

方法二　强者恒强，带着猎枪进森林

去一所新的学校任职之前，谢耀丰并不知道等待他的学校已是"百病缠身"。让他看清这个学校无论是在"硬件"上还是在"软件"上，都极其薄弱的事件，是末位调整岗位制度。在谢耀丰对学校进行"诊断"后，他坚持用一个管理原则——“强者恒强，带着猎枪进森林”来解决问题。

在开学时发生了一件很小的事情，但谢耀丰对此至今仍记忆犹新。按照惯例，学校要召开新学期教学准备工作会议，会议由谢耀丰主持。在此之前，前任校长给了谢耀丰一个建议：会议上不要给教师们讲话的机会，不然自己下不了台，你只要按预设的流程开完会就好了。谢耀丰有点纳闷，这究竟是怎么回事呢？谢耀丰想：如果真有问题，逃避是解决不了的，我见机行事。这叫“既来之，则安之”。既然来到了这个环境，无论这里好与坏，将遇到问题与否，都要安下心来，不改变自己的初衷。谢耀丰有这种迎难而上的勇气，说明他是带着智慧有备而来的。

到了开会的时间，在两位副校长发言的时候，台下一直有叽叽喳喳的议论声，部分教师完全无视会议的纪律。谢耀丰把这些都看在眼里。会议流程的最后一项，是谢耀丰对会议进行总结并对新学期的教学工作进行部署，台下的教师交头接耳，一股奇怪的空气弥漫在会场中。谢耀丰总结完之后并没有结束会议，而是看着大家说：“请大家对学校的管理提意见。”会议室顿时鸦雀无声，与刚才乱哄哄的场景完全不一样。时间就这么一分一秒地流逝着，会场开始有些许微妙的声音，大家开始对身边的人嘀咕着心里的想法。截然相反的是，坐在谢耀丰附近的领导班子成员则寂然无声，普通教师与领导班子成员之间根本没有什么交流。在会议主持人即将宣布会议结束的时候，一位40岁左右的中年教师站起来，说学校实施的末位调整岗位制度不科学，是对人性的摧残。他越说越激动，滔滔不绝足足说了半个钟头。对于他的讲话，一些教师不时发出“哎，白费力气，有啥好讲的？”“领导只会为自己考虑，才不管你死活！”等回应。然而，谢耀丰一直耐心地听着，还不时地在本子上记着。谢耀丰认真地听取大家的心声，这里面是有管理智慧的，叫“强者恒强，带着猎枪进森林。”

“强者恒强”其实和“马太效应”是一个道理。“马太效应”最早由美国社会学家罗伯特·默顿根据《马太福音》第二十章中的一句话“凡有的还要加给他叫他多余，没有的连他所有的也要夺过来”而提出。他发现这样一种社会现象：任何个体、群体或地区一旦在某一方面获得了成功和进步，就会产生优势积累，从而有更多的机会取得更大的成绩和进步，而那些弱势群体会变得越来越弱，造成两极分化的现象。

谢耀丰是明白这个道理的，所以早在开会前一晚就做好准备了。开会前一天晚上，保安处一位50多岁的老保安看到谢耀丰办公室的灯还亮着，就敲门进去和他聊了几句，知道他正在查阅末位调整岗位制度的相关资料，老保安跟谢耀丰语重心长地说：学校里有的教师有一个坏毛病，开学前的会议都会找校长的碴儿。谢耀丰看着老保安，对他微笑了一下。果然，开会的时候，有个教师很激动地讲起自己的妻子被淘汰掉的事情，满口发泄的都是自己的私气。看到这样的情况，谢耀丰并没有在会上直接肯定或批评大家，而是给了他们一个积极的回应，并向大家承诺以后会改变这种让大家不满的局面。

职场背囊里装有一定的智慧，这帮助谢耀丰解决了入职后的第一个大难题。谢耀丰很懂得“强者恒强”的道理，趁着势头将教师存在的“疑难杂症”一一诊治。不到一年的时间，学校在他的领导下慢慢变得团结起来，大家共同致力于提升教学质量，并获得了上级、社会的认可。

古往今来成功的人，虽然会遭遇不同的困难，但最终都能战胜它们。一些人能够获胜的原因不是因为他们受上天眷顾，而是他们有坚持下去的勇气。有一个人在他19岁那年的一次滑雪中，摔坏了脖子，导致颈部以下全部瘫痪。此后，这个高大英俊的青年变成了一个只能摇头、点头的残疾者，终生依靠轮椅生活。第二个人，他会驾驶汽车，会开轮船，并且还成了飞行员。33岁时，他竞选温哥华市议员并获得成功。在连续做了12年市议员后，他又被温哥华市民推上了市长的宝座。第三个人，他是工商管理硕士，是多个非营利“助残”团体的创建人，是多种“助残”设备的发明人，还是加拿大政府勋章获得者，他热心于社会公益事业，走到哪里都受到人们的欢迎。

以上这三个人，单说某一个人也没什么特别之处，可是如果说这三个人其实就是一个人，那他就很富有传奇色彩了。事实上，他就是加拿大的萨姆·苏利文，一个不折不扣的奇人。

苏利文是如何由一个重症残疾人变成一个奇人的呢？在折断脖子后的几年里，待在家里的苏利文陷入了选择生还是死的挣扎中。但后来在不屈不挠地与生活的抗争中，苏利文练就了一种坚韧的品质。他曾说：一个人能走多远，取决于他面对挑战时的表现，这与他是否坐轮椅无关。

有些人的失败基本不是因为时局限制他们的发展，而是他们被自己打败了，没有发挥自己智慧的机会。因此，谢耀丰对于末位调整岗位制度考虑了许多，但一时难以找到解决问题的有效方法。谢耀丰在管理过程中注意到对“权变理论”的运用，并且注重管理情景的复杂性和多变性。之后，几经摸索，在取得区教育局的支持后，他决定在学校实行首位晋级制，即每年学校考核优秀员工两名，可以增加一年的工龄，连续两年评上者可以晋升一级工资。首位晋级制意味着优秀教师能通过努力来延长教龄，提高自身的工资收入，因而能很好地调动教师的工作积极性，至此，问题也慢慢得到了解决。

苏霍姆林斯基曾说：“在移植鲜花的同时，不要忘了移植相应的土壤。”谢耀丰的管理智慧已经被激活，那么，接下来他将用什么办法使智慧之花盛开呢？

第二章

让智慧之花盛开

在教育管理中，让智慧之花盛开并不是一件容易之事，让智慧之花保持活力就更加困难了。那么智慧之花盛开前，怎样才能把握时机促其开放？谢耀丰在这方面很有经验。他是怎么做的呢？我们从中又能得到什么样的借鉴呢？

“管理从思想上来说是哲学的，从理论上来说是科学的，从操作上来说是艺术的。”管理在不同的领域中总存在着不一样的意蕴，它对于我们来说是一门复杂的艺术。如何让自己挖掘到管理智慧中的奥秘呢？我们来看看谢耀丰是怎样做的。

谢耀丰从年级级长晋升为校长，凭借自己的努力走向了自己向往的平台。但是，理想与现实总是存在差距的，当谢耀丰来到新单位后，眼前的一切让他大吃一惊：教师的积极性不高，整天漫无目的地过日子，似乎与为人师表扯不上关系；办公室里充斥着“火药味”，同事之间关系不甚和谐；在困难面前，他们都抱有“事不关己，高高挂起”的心态。学生无心学习，男同学经常打架。看到学校内部管理一团糟，谢耀丰心里很不是滋味，于是思索着用什么方法去改变这种不良的状况。记得歌德说过：“谁没有用脑子去思考，到头来他除了感觉之外将一无所有。”谢耀丰经过一番调查研究，初步确定使用两种管理方法。

第一，管理要有原则性。讲原则是管理的前提，所谓“无规矩不成方圆”。一所好的学校首先要有一套完善的规章制度，其次要按照制度严格执行各项任务，这就是通常我们所说的制度管理。

第二，管理要有灵活性。如果一味强调管理的制度性，那么不仅会让事情变得很难处理，而且会让大家产生消极情绪。因此，对于一些事情就需要从人情出发，灵活处理，也就是我们一般认为的情感管理。

但是，对于如何实施这两种方法，谢耀丰很是纠结。过分强调原则性或过分强调灵活性，最终都会使管理走向极端。如何将原则性和灵活性有机结合？谢耀丰始终没找到好的方法，为此烦恼不已。

本来按照上级部门的用意，谢耀丰到新单位只需稳定大局即可，不需要进行什么教学改革。这个要求，往好了说是担心谢耀丰承受的压力太大；往不好了说，就是认为谢耀丰没有能力独举改革大旗。谢耀丰具有很强的政治敏锐性，这个用意他自然明白。那么对于学校的现状，到底是事不关己还是奋战到底呢？

谢耀丰本来就对学校现状感到担忧，再一想上级部门派自己管理这所学校，但又不让做太大的变革，就非常苦恼。那套管理方法能否实行，谢耀丰暂时没有下定决心。上级的要求还是要遵从的，于是谢耀丰只能默默地维持好学校的现状，以图另找机会。

结果，就在谢耀丰打算安守本分做好分内工作时，上级部门开始下达紧急通知，而且是一个星期之内连着来了五次通知。令人深思的是，每次通知的内容都大同小异。第一次说，想办法把学校办好。第二次说，全面整改校风校纪。第三次说，对学校的安全隐患进行全面大排查。第四次说，为了提高教师积极性，对绩效工资进行改革。这连续的四次通知使谢耀丰寝食难安，就在担忧之际，又来了第五次通知，这次的通知与前几次大不一样，措辞更加严肃，内容更加明确，最后一句话——“请认真实行，否则将履职不力”，让谢耀丰顿时感到“压力山大”。

我们可以这样理解这五次通知：学校是需要整顿的，如果学校现状得不到改善就是校长办事不力，将考虑免职。然而，谢耀丰明白不可能一下子就改变一所内部管理机制十分陈旧死板、外在社会声誉较差的学校。上级部门的通知在内容上一条比一条具体，在措辞上一条比一条严肃。怎么办呢？深思熟虑后，谢耀丰决定奋力一搏，对学校进行全面整顿。经过一段时间的观察，谢耀丰发现学校之前的管理方式过于死板，缺乏灵活性。而正因为这种死板的管理方式忽视了对教师和学生的关怀，才导致大家怨声载道，进而影响学校整体教育工作的进行。

谢耀丰如何整顿这所学校呢？他决定尝试在原则性管理的基础上注入灵活性的因素，这首先体现在对教师绩效工资方案的讨论中。

教师绩效工资方案涉及大家的切身利益，是能否提高大家工作积极性的核心问题。一开始，为了做好这个方案，谢耀丰熬夜收集了许多关于绩效改革的成功案例，然后花了相当长的时间研究出了自认为比较完善的改革方案。可就在具体推行的时候，有部分教职工坚决反对，不表态的有不少，支持者也未超过半数。花费不少心思却得到这样一个结果，谢耀丰一时觉得心灰意冷。

难道该项改革无法进行，依然要按照旧时的模式发展学校吗？答案是否定的。强大的责任心让谢耀丰再次奋起，不断反思方案哪里出了问题。细心的谢耀丰发现自己居然犯了一个大忌，什么大忌呢？因为工资与大家的切身利益息息相关，不征求教师的意见，自己就私下制订出来一套方案是不可取的。前任校长之所以失败，就是一意孤行，对教师的意见一点都听不进去。为了使用自己构想的管理方法——制度管理渗入情感管理，谢耀丰决定好好与大家沟通。经过充分沟通，谢耀丰根据大家的意见对方案进行了修改，这份方案得到全校教职工的普遍认可和强力支持，获得一次性表决通过。在这次事件之后，问卷评价时，大家对谢耀丰的满意度达到了95％左右，学校的凝聚力也日趋增强。

但不是所有人都赞成这份方案。在这次方案的商议过程中，就有一位教师突然站起来，愤怒地当着大家的面否定这个决定，并要求谢耀丰给他加工资。据了解，这位教师长期以生病为由不上课，在学校里是出了名的"混世魔王"，对学生也极不负责。大家试想，一位校长在公开场合被下属当面顶撞，应该怎样处理比较恰当呢？也许很多人认为应该按照规章制度给予惩罚，但这种做法真的好吗？大家不妨看看谢耀丰的做法。

正当大家都为这位教师捏一把冷汗时，谢耀丰并没有发火，而是对这位教师报以一笑。散会后，谢耀丰找到这位教师，向他详细地解释这份方案制订的依据和目的。一传十，十传百，谢耀丰不与这位教师斤斤计较，并耐心地给他讲解方案的事情得到大家的认可，并被传播开去。谢耀丰气量大、心胸宽的品质使得整顿学校的工作取得了初步的胜利。

谢耀丰的绩效工资方案改革取得了成功，前任校长认为最棘手的事情也被很好地解决了，大家一致认为谢耀丰办事得力、公平合理，于是就更加卖力地工作。

学校的情况逐渐好转，谢耀丰因此得到了上级部门的肯定，并迎来了事业的高峰期。谢耀丰现在回想起来也有点后怕：幸亏成功了，如果失败了，又会是什么样的后果呢？不过，这也证明了"原则＋灵活"的管理方法是有效的。管理者要学会制度管理与情感管理相结合，当然更重要的是懂得巧妙地运用情感管理。

管理学上有一个定律，即规则之上须有人情，人情之上须有规则。在自然界中有很多东西都不是完美的，都可能存在缺陷，但是我们可以充分发挥事物的长处和优点，补其短处和缺点，力争把事情做到最好。我们常使用一个词，叫作“取长补短”，用事物的优点来克服事物的缺点，就好比情感管理与制度管理的互补关系。如果管理者一味崇尚权威，下属就觉得你没有人情味，自然会失去工作的积极性与主动性，造成执行力低下的局面，这时我们就需要以情感管理来扭转局面。当然，最高效的管理应该是实现制度管理和情感管理的平衡。

我在生活中接触过一位领导，他是一位善于运用情感管理的管理者。他的家乡修建了一条水渠。这条水渠又宽又长，足以灌溉沿渠的万顷农田，但是一到天旱的时候，沿渠的农民就在渠水退去的堤岸边种植庄稼，有的甚至还把农作物种到了堤中央。等到雨水一多，渠水上涨，这些农民为了保住庄稼和渠田，便偷偷地在堤坝上挖开口子放水。面对这种行为，历任乡镇官员都绞尽脑汁想了很多惩罚方法加以制止，但效果不好。结果，事情发展得越来越严重，一条辛苦挖成的水渠被弄得七零八落，经常因决口而发生水灾，变水利为水害。后来这位领导出任县长，发出通告，大概内容是说：这个地方是我们的家园，一旦毁坏了谁能承担这么严重的代价呢？子子孙孙又如何看待我们呢？正因为动之以情、晓之以理，这则通告发出以后，再也没有人偷偷地挖口子放水了。

在一个集体中总是难以避免地出现一些不顾大家利益、损公肥私的人。很多管理者都认为杜绝这种现象要采取严格的规章制度。这个观点本身不错，但未免片面。在进行制度管理时，我们不妨渗透一些情感管理因素，这样才能促使下属从“要我做”到“我要做”的思想转变。

在管理上最怕两个“性”，一个是专制性，一个人掌控整个学校，像中国历代君王一般；另一个是强制性，用强制手段要求某人必须完成某项任务。有句话说：“不管以什么名义，毁灭成功的做法就是专制。”如果在教育管理中注入这两股浑水，那么学校注定有一天会面临崩溃的厄运。所以，教育管理一定要注入人性化的情感，懂得以感情留人，以事业留人，以待遇留人。

管理学有个规律叫作“情感激励法”，是指通过良好的情感关系，激发被管理者的积极性，从而达到提高员工工作效率的一种管理方法。教育管理也一样，校长要以真挚的情感，增强自己与下属之间的情感联系和思想沟通，满足他们的心理需要，形成和谐融洽的工作氛围。

智慧箴言：校长要以真挚的情感，增强自己与下属之间的情感联系和思想沟通，满足他们的心理需要，形成和谐融洽的工作氛围。

人际关系是一种互惠的关系。你如果希望别人为你做某些事，就应该对别人投以真挚情感。用物质也许可以刺激他的行为，而谈感情则能让他与你产生心灵共鸣。我们经常看到在职场中，有的上司以津贴或股票的方式给员工发红利，这是物质激励；有的上司以真诚的赞赏给员工激励，这是精神激励。有时只需要真诚地说一声“您辛苦了”“谢谢您”，有时只需要由衷地说一声“这个主意太好了”，一个认可与信任的眼神，一次祝贺时忘情的拥抱，一阵分享下属成功的开怀大笑，都是管理者应懂得的精神激励法。

谢耀丰在管理上的成功经验就是制度管理与情感管理相结合。就在谢耀丰为自己在管理上使原则性与灵活性相融而高兴的时候，耳边传来了关于委派校长一职的风言风语。

这些风言风语把谢耀丰管理成功的高兴劲全部打消，心情多多少少受到了影响。这些传言大概是说，其实上级部门本来要委派的人并不是谢耀丰，而是另有其人。现在看来，他这么折腾，是有不称职的嫌疑。尽管如此，强大的责任感让谢耀丰不敢轻言放弃，依然坚持自己的初衷，并且总结了管理学校时需要注意的几个要点。

第一，制度管理中，尽可能尊重人，激励人。

第二，情感管理中，尽可能动之以情，晓之以理。

第三，以制度管理为基础，让情感管理成为接受制度管理规范的内驱力。

第四，切勿以情感代替制度。情感管理是制度管理的有益辅助，但是绝不能用情感代替制度。只有以制度管理为基础，以情感管理为辅助，才能使管理发挥出积极有效的作用。

这几个注意点是关键，否则学校的工作就难以开展。如果能够恰当地把握好这几点，那么对学校内部整顿也有一定好处。所以谢耀丰在面对下属时，尽量做到以德聚人、以诚待人、以情动人、以公对人。为了让自己的管理方法保持活力，谢耀丰提前做了很多准备，准备中也用到了几个策略。那么，他提前做准备时，用了哪些策略呢？

策略一　前提：提升管理能力

书是我们人生的指路明灯。我们中国人特别认同“书中自有黄金屋，书中自有颜如玉”“读书破万卷，下笔如有神”中蕴含的道理。一个成功的管理者，想带着没有智慧的脑袋就取得成功，是不可能的，得有思想作为支撑。所以，成功者特别重视书籍的作用，认识到它在生活上、事业上给予的难以估量的帮助。毫无疑问，管理方面的书籍对谢耀丰而言就是“贵人”。我们先来认识一下帮助谢耀丰提升管理能力的，是什么样的书。

智慧箴言：一个成功的管理者，想用没有智慧的头脑取得成功，是不可能的。

张兆娟编写的《中国式管理的金玉良言》，荟萃了中华文明史上拥有文韬武略的帝王将相及古代哲学家们的经典言论，同时透析了中国式管理的玄妙之处。另外一本由李炳炎主编的《校长论管理》，分别从办学思想、管理艺术、管理改革三方面阐述管理者在管理学校的工作实务，以及中小学教育管理的发展目标等。如果用一句话来描述这两本书，就是“贯通古今，融汇中西”。

关于书的独特作用，有人是这样说的：“书犹药也，善读之可以医愚。”意思就是说，书就像药一样，好好读书可以医治愚蠢。上述两本书是谢耀丰学习教育管理的主要“智库”，深受他的重视。其实很多事情都讲究机缘的，谢耀丰还在担任政教处主任时，主要负责一些细小、繁杂的工作。当时，为了响应教育局把学生的安全教育放在首位的要求，他精心策划了不少活动，但大都以失败告终。失败的主要原因，一是教师们怕苦，二是学生们不感兴趣。当时，无论是教师还是学生的行为都很消极，再加上学校具有特色的东西太少，使得工作内容、形式等都难以创新，对此，谢耀丰感到十分沮丧。就在这时，一位前辈向他推荐了这两本书，他如获至宝。“去尽皮，方见肉；去尽肉，方见骨；去尽骨，方见髓”，谢耀丰就是用这种层层递进的方法研读这两本书，并加以运用的。这两本书一方面教会了谢耀丰坦然面对失败，一方面促使他发现了自己身上的不足，摆正了自己努力的方向。

一本好书，可以影响人的一生。从这两本书籍中，谢耀丰掌握了两条提升管理水平的途径：第一，科学的决策能力；第二，授权、放权的能力。

在日常生活中，人们往往会遇到一些决策性的问题，他们一般会根据自己的知识经验或直觉去做出判断。但是，在管理上，对于一些复杂的决策性问题，就需要理性对待了。这两本书特别强调作为领导者，应该具备怎样的科学决策的能力。那么谢耀丰在这方面做出了什么样的努力呢？古人云：“凡事预则立，不预则废。”首先，在进行决策之前，他都会大胆地设想。设想不但可为决策提供多种方案，同时还能预测事情发展的形势。决策前做好准备是科学决策的关键。其次，他能根据实际情况做出让大家满意的决策，而不会单单按照自己的意愿随意拍板，更不会头脑发热，凭借自己的权力独断专行。

谢耀丰是一个很聪明的人，自从担任校长以来，就发现授权、放权的重要性。他从书中也找到了与自己不谋而合的观点，即在用人方面，要坚持“用人不疑，疑人不用”。

谢耀丰所在的学校有两位副校长，一个年纪较大，另一个很年轻。谢耀丰以动态的方式，从德、智、体、美、劳等各个方面考察这两位副校长哪个更能够担当重任。“路遥知马力，日久见人心”，经过一段时间的观察，他发现年轻的副校长具有很强的责任心，且考虑问题十分周全，于是就把很多事务交给了这位副校长，让他大胆去做。至于另外一位副校长，也许是年纪较大的缘故，办事往往消极懈怠，所以一些重要的事情谢耀丰都不敢放手让他去做。从这两本书中，谢耀丰总结出一点：对于做事马虎的人，绝不可放权，否则会引起严重后果。学校曾经有位副主任，办理事情不认真，本来该他管理的事他没有管好，却要管自己不该管的，结果往往很糟糕。谢耀丰不但不敢放权于他，而且要对他做的事情实行跟踪与指导，尽量避免他犯一些低级的错误。

受这两本书的启发，谢耀丰管理起来就有一些底气了。可以说，他所秉承的“制度＋情感”管理原则，正是书籍启发与自己管理实践经验的结晶，谢耀丰对之运用得得心应手，工作也得到了大家的认可，这是他能够在竞争中走上领导岗位的智慧保障。

谢耀丰为了提升管理能力，孜孜不倦地阅读了很多管理书籍，找到了提升管理能力的重要途径。但是，“人难管，管人难”，光靠科学的决策和适当的授权进行管理，是远远不够的。就算你的管理水平很高，如果缺少一个团队的支持，也一样没有用。所以，谢耀丰在保持管理活力的问题上，还有第二个策略，那么，他的第二个策略是什么呢？

策略二　基础：建设管理团队

在一个管理团队中，“领头羊”的作用是十分重要的。现在不再是单打独斗的个人英雄主义时代，而是一个靠团队制胜的时代。不过，即使团队中卧虎藏龙、人才济济，但没有“一把手”去统筹大局，这些人才就会像一盘散沙一样，才能无处施展。所以，我们更需要的是一位能促进团队发展的领导者。

谢耀丰作为校长，到底是一个什么样的领导者呢？首先，他是一个言出必行的人，在下属们面前，承诺过的事情就一定会付诸行动。谢耀丰特别不喜欢那些只会夸夸其谈的人，认为领导者如果说得多，做得少，不仅会让下属感到失望，同时也会挫伤他们的工作积极性，最终导致团体凝聚力的减弱。

能够获得下属发自内心的理解、尊重和服从是十分不容易的，只有极少数人才能做到。

那么，谢耀丰为什么能成为“极少数人”中的一个呢？心理学认为，人的性格深受小时候经历的影响，同时在社会、家庭以及学校等因素综合作用下形成。谢耀丰的性格形成，跟他少时的求学经历有莫大关系。

智慧箴言：人的性格深受小时候的经历影响，同时在社会、家庭以及学校等因素综合作用下形成。

在上中学的时候，谢耀丰所在的班级是全校纪律最差的。淘气的学生总是把班主任搞得头昏脑涨，因此每个班主任任职的期限都不长。这群孩子乐呵呵地过着他们“理想”的日子，连校长都无可奈何。有一天，来了一位新班主任，江老师。这群目中无人的孩子继续用之前的把戏，目的是想把江老师吓跑。谁知，“强中自有强中手”，江老师并没有被吓跑，反而对这群孩子更加感兴趣。在第一节课上，江老师就制订了一套班规，并要求全班成员包括自己都要严格遵守。一次课间休息时，细心的江老师发现有一个学生的手指被烟熏黄了，便严肃地劝告那个学生：“烟对身体有害，要戒掉它。按照班规，吸烟者要罚扫一个星期的地以示警告。”那个学生却不以为然，生气地拍桌子说：“江老师，有一次我也看见你在学校大门口吸烟，难道你也要受罚吗？”全班学生哄堂大笑。面对学生的责难，江老师歉意地笑了笑，立即将自己身上的烟全部取出，当众扔进垃圾桶，然后诚恳地说：“从此以后，我与同学们一样，共同进退，共同戒烟。”

大家都以为江老师在开玩笑，但在接下来的一个星期里，每天早上他们都看见江老师在教室里认真打扫卫生的身影。那位学生也自觉地拿起扫把扫地。说也神奇，从那天开始班中吸烟的学生越来越少，直至没有一个人再吸烟。江老师这个例子进一步印证了孔子说过的一句话：“其身正，不令而行；其身不正，虽令不从。”

这件事情在谢耀丰的心里烙下深深的印记，他依然记得当时班级和自己都发生了改变——

第一，班级的纪律越来越好。

第二，谢耀丰对江老师开始另眼看待。出于对江老师的敬重，他开始认真学习，遇到不懂的问题就向江老师请教。自然而然地，他们就成了忘年之交，谢耀丰从江老师身上学到了不少人生道理。

由于求学时的经历以及江老师的影响，使得谢耀丰的性格发生了很大的变化。第一，讲究原则性，不妥协；第二，责任心强，做任何事情都要善始善终，不管遇到什么困难，都要坚持下来，从不推卸责任；第三，心胸宽广，他常常以“世界上最宽阔的是天空，比天空更宽阔的是海洋，比海洋更宽阔的是人的胸怀”来勉励自己。

讲究原则、责任心强、心胸宽广，这些是谢耀丰性格上的优点，但是“金无足赤，人无完人”，每个人都是不完美的，都存在缺点，谢耀丰也不例外。他是一个喜欢追求完美的人，一旦着手做某件事情，就会坚持不懈，力求做到最好。其实，这种性格说得好听就是执着，说得不好听就是固执。固执，就是谢耀丰最大的弱点。

认识到这一点，谢耀丰很担心自己的缺点会成为管理道路上的绊脚石。他很清楚，一旦自己固执起来就会钻进死胡同，任何人都难以劝说。于是谢耀丰决定改变这种对自己不利的性格。

他采用了读书治疗法及自我调控法。首先，“读一些好书，就是和许多高尚的人谈话”，利用书籍给予自己正能量，从中得到心灵上的慰藉。

其次，加强自我调控，有意识地改正自己固执的缺点，不顽固地坚持自己的观点。通过自己的努力，谢耀丰固执的性格得到了很好的改善。

当所有事都准备好时，我们就要看看谢耀丰是如何建设团队了。

第一件事，在进行“五环渐进”教学模式改革时，谢耀丰没有见到他想象中的那种受到教师们欢迎的场面，反而发现有些教师在打“退堂鼓”。如果一般人面临这种情况，可能会无可奈何，觉得课改无望了。但是，谢耀丰没有放弃，他认为这是一个建设团队的机会，于是做了一个让大家很惊讶的举动，是什么举动呢？原来，他想为大家树立一个榜样。接下来的日子里，大家常常看到谢耀丰泡在图书馆里收集资料，研读文献。最后，谢耀丰写出了一份教学方案，并以电子邮件的形式发给了每一位教师。他不愿纸上谈兵，接下来按照教案给大家上了一节与众不同的课，并且得到了不错的评价。在谢耀丰的带领下，“五环渐进”教学模式改革得以不断推进，并且取得了实效。

第二件事，发生在冬天。那是一个寒冬，风呼呼地刮着，在这种天气中，许多人在大早上都更乐于躲在暖暖的被窝里和周公“会谈”。教师如此，更何况是学生呢？为此，谢耀丰让办公室发了一个通知，大意是要求值日教师从第二天开始，每天比学生提早十分钟到教室，监督学生的学习并记录学生的出勤情况。这样一来，问题又出现了：没有人愿意！谢耀丰似乎还听到不少教师私下嘀咕：“校长不用一大早起床，当然不用这么辛苦，哪里考虑到我们的感受？霸道！”谢耀丰听后微微一笑，不说什么。到了第二天，“打头炮”的几位教师心有不甘地来到学校，正准备抱怨时，却意外地看到谢耀丰早已站在学校大门口，他们吓了一跳，再也不好意思多说什么了，随即进入工作状态。一传十，十传百，谢耀丰以身作则的“提早十分钟”迅速被传开。从此，大家不敢怠慢，认认真真地早起值日，并监督学生努力学习。此时，谢耀丰的形象在他们心目中变得高大起来。

谢耀丰不像一些领导那样，让下属在他面前无所适从，相反，大家喜欢与他聊天、散步，甚至对他说一些琐碎的家事。大家应记住，最让人感到无奈的领导是什么样呢？第一，当面一套，背后一套。在下属面前道貌岸然，背地里却偷奸耍滑。第二，喜欢推卸责任。当错误发生时，习惯为自己找借口，把责任推给别人。

谢耀丰以此为戒，他认为一支好的团队，离不开大家的共同努力，要想大家服从管理，自己就得做好榜样。的确，一个优秀的团队需要一位富有人格魅力的领导，学校正是由于有谢耀丰这样的领导，大家才能获得成就感与归属感。所以，加强团队建设与管理需要注意几个要点：第一，领导者要注意自身素质，带好头；第二，建设团队文化，明确共同的目标；第三，营造良好的工作氛围。

任何人都是不喜欢虐待自己的，他们不喜欢在自己厌恶的领导者手下工作，而更愿意去追随一个值得他们敬佩的人。谢耀丰为了更好地进行有效管理，建设了一支较高水平的管理团队，但是，仅仅依靠这些是不能让自己的管理焕发创新活力的。对此，谢耀丰还有第三个策略，那么，这第三个策略又是什么呢？

策略三 关键：协同多方关系

我们知道每个人都有压力，不同的人会承受不一样的压力。有句话说得好："你要做多大的事情，就该承受多大的压力。"在竞争激烈的社会里，一个人要想成功，就必须承受压力的考验。现实生活之中，人们对"压力"一词已不再陌生。面对压力，有的人选择逃避，也有的人选择面对。但无论你选择何种方式，都逃脱不了压力的考验。

也许有的人觉得这样描述压力过于夸张了，难道压力像空气一样无时无刻不在我们身边？说实话，还真是如此。根据心理学研究，人的压力可分为以下三种类型。

第一种类型是一般的单一的生活压力。这种压力是指在某一时间段，经历过某种事件而受到的压力，其强度不足以使我们崩溃。一般来说，这种压力对人会产生正面的效果，更有利于人们应对未来的压力，当然也有其负面影响。

第二种类型是叠加性压力。用“屋漏偏逢连夜雨，船迟又遇打头风”来形容最为贴切，它包括同时叠加压力和继时叠加压力。

第三种类型是破坏性压力（又可称为极端压力）。这种类型的压力危害性是很大的，会使人精神涣散，产生世界末日的感觉。

生活中大多数人的压力都是属于第一种或第二种类型，这些压力是具有双面性的。一方面，如果你能正确地对待压力，就会把压力转化成动力，让自己更快地成熟起来。另一方面，如果你不会恰当地处理，它就会使你崩溃，并一直沉沦下去。判断压力对人的影响是积极的还是消极的，关键是看个人如何应对它。

谢耀丰在跟别人交往的时候，也与其他人一样面临着各方面的压力。他的压力源于哪里，他会如何处理呢？作为一位刚上任的校长，教师、家长、学生，以及教育局领导等都是他必须接触的对象，如何协调多方的关系是谢耀丰处理压力的关键。

刚到这所中学任职时，谢耀丰就听说教师之间的关系不太好，甚至不时发生不必要的冲突。有一次，两位教师因为对一件事看法不同，就大打出手。一位较年轻的教师认为学校过于注重分数，忽略了学生其他方面的发展；另一位上了年纪的教师则坚持分数对学生是最重要的，必须加强试题模拟练习。两位教师都坚持自己的观点，毫无退让的意思，并由争吵发展到肢体冲突。自此之后，这两位教师形同陌路，关系闹得很僵。谢耀丰了解到这个情况后，专门找双方进行了多次谈话，然后又利用校长的权威把他们约到一起。多亏了谢耀丰这个“和事佬”，这两位教师最后冰释前嫌。

谢耀丰处理好教师之间的矛盾后，新的问题又产生了。原来学校发生了一起学生溺水身亡的安全事故，这件事情的发生对学校的声誉产生了很不好的影响。虽然事情后来得到妥当解决，但谢耀丰的心情依旧难以平复。这时的谢耀丰面临着两个问题：第一，如何向广大家长保证学校的安全；第二，如何让不良影响降到最低。针对这两个问题，谢耀丰召集全校教师开了一次会。通过倾听教师、学生和家长的意见，谢耀丰主持制订了一套安全管理措施。

几经努力，谢耀丰终于克服了重重困难，多次渡过难关，蜕变成全新的自我，并在以后的管理生涯中，获得了鲜花和掌声。

说到这里，我们想评论一下谢耀丰在协调多方关系时用到的方法。其一，善于倾听。作为一位决策者，谢耀丰绝对不会独断专行，因为他明白“三个臭皮匠顶个诸葛亮”的道理。每次决策前，他都会听取不同人的意见，并且善于采纳他人的建议。谢耀丰知道，听取不同的建议，便能得多方面的启示，考虑问题自然而然就会更加周全了。其二，懂得把握自己的角色。管理者务必要将“个人”与“角色”区分开来，因为大多数冲突都是由于角色错位而引起的。校长必须认清自己作为校长应担当的角色责任，这种责任在学校中是无人能够替代的。切记不要越位，也不要错位。

实践证明，这种方法是很有效果的。自从多方关系得到恰当处理之后，谢耀丰的高大形象在学校里被树立起来。在校内，他能与师生和谐共处；在校外，他能协调好与其他兄弟学校的关系。在这种和谐的人际关系中，师生得以愉快地学习，快乐地成长，美好地生活。

校长应善于协调多方关系。著名校长周波曾说：“协调是教育管理的重要环节。作为一名校长，要想适时有效地做好协调工作，除了正确地认识协调的意义和作用之外，还要对存在于学校中的种种不协调因素做准确的分析和处理。”由此可见，懂得协调技巧确实是校长不可缺少的智慧。但是，在职场中，有很多事情会出乎人们的意料，而这些都不是人们所能控制的，所以我们需要储备更多的智慧。那么，在处理一些特别棘手的事情时，要掌握什么样的技巧呢?

智慧箴言：作为一名校长，要想适时有效地做好协调工作，除了正确地认识协调的意义和作用之外，还要对存在于学校中的种种不协调因素做准确的分析和处理。

第三章

智慧做事技巧

带领一个团队做事，不像一个人做事那样可以随性而为。事情做得好，没人有意见；如果做得不好，便会惹人评头论足。对于一个管理者而言，做事做得巧妙与否、处事得体与否，和其做事技巧、做事策略有密切的关系。在这方面，作为校长的谢耀丰当属一个高手，他一直讲究做事技巧，力求获得事情处理的最好效果。那么，谢耀丰是如何通过自己的人生经历来获得和提高做事技巧的呢？他有着怎样高超的处事艺术呢？

在生活中，我们可以从一个人的做事方式看出其为人风格。我们不难见到这样的情况：有的人，平常做事较低调，但是做出了优秀成绩，属于稳重成熟的“做了也不说”的人；有的人，平常做事很张扬，事情还未开始，就吹得神乎其神，好像非常厉害的样子，其实什么也没做，属于“说了也不做”的人。谢耀丰属于前者，他做事不但稳重低调，还有不一般的技巧。在运用这些技巧时，要讲究做事的心态：如果一个人带着希望，或者以平和的心态去对待事情，那么就不会做得太差；相反，如果一个人带着沮丧，或者以张扬的心态去处理事情，那么他终将面临失败的结局。而一个教育管理者不但处事要十分严谨，而且对于细枝末节问题的处理也要讲究艺术。谢耀丰当校长以来，一直在用颇有技巧的方式来化解生活中的难题和工作中的困惑，为人处世更是一点也不随便，有一套独特的做事方法，有对事情的深刻见解。那么，谢耀丰在做事上究竟有哪些技巧可供我们借鉴呢？

据《史记·太史公自序》记载，孔子说：“我欲载之空言，不如见之于行事之深切著明也。”意思是说，如果我只懂得说一些空洞的大话、不着边际的道理，其实很不切实际，倒不如把这些话付之于做事情的行动中，用事实来证明自己所说的是有先见之明的，以人生具体的体验来更好地阐述自己的所作所为。以事实说明道理，不失为一种处世的智慧。也就是说，一个人如果能够以“绩”显事，那么他做事的技巧与能力便不在话下了。

一直以来，一个人要怎样去学做人、做事，是一个常讲常新的话题。一个人会不会做事，茶余饭后都会被人们拿出来说。不是因为人们爱讲是非，也不是人们喜欢空谈误事的笑话或纸上谈兵的悲剧，而是大家的心里都会有一个做事评判的标准，这些标准必然会用于具体事件的评论上。会做事的人，自然而然就会被大家所褒奖和认可，这种褒奖和认可，直接体现出的就是一个人处理事情的能力。心理学研究发现，人天生具有自我保全的本性。而工作的首要目的是实现人的自我保全，与此同时，人的为人处世能力就在工作中得到充分的历练和提升。这种历练，就包括了面对不一样的声音如何应对的问题。外界对自己处事能力的评头论足，有些是中肯的，有些是敌意的，这时就要学会守得住自己的内心，不跟非议自己的人发生无意义的冲突。那么，应该如何应对才不会失了分寸呢？我们来看看谢耀丰是如何做的。

关于这方面的问题，我们要从谢耀丰打破课改的重重阻碍谈起。

一句广泛流传的谚语是这样说的，“一人拾柴火不旺，众人拾柴火焰高”，意思是一个人拾得的木柴燃烧起来，火不算太旺，而多人一起拾得的木柴燃烧的火焰更高，强调的是团结起来力量大。在谢耀丰对学校进行课改时，团结的问题就显得特别突出。课改的直接对象是教师主导下的课堂，要求一改传统课堂呆板僵化的种种弊端，让学校在课改中突破重围，这就需要全校师生全力配合。而在这种情况下，谢耀丰实行课改就不那么顺利了。在课改初步启动的时候，尽管会遇到一些教师不太配合的情况，但是谢耀丰还是表现出了一个优秀领导者应有的担当意识与胆识。

这一年，学校新的领导班子对教学工作进行了全方位的调研，每个人针对自己负责的年级和学科写出了具体报告，并提出了建设性意见。根据调研的情况，学校调整工作思路，把“打造高效快乐课堂，提升学生学习力”定为学校工作的中心，把“活力课堂”研究定为学校工作的重点。学校开始构建高效课堂理论体系，谢耀丰则尝试把这个体系转化为学校的校本研修内容。

新课程一方面要求教师充分利用校内资源，激发学生的学习热情；另一方面要求教师积极开展课外活动，挖掘校外资源，为学生创造学习知识、增长经验的机会。但是，乡村学校普遍存在教学硬件设施跟不上的现象，有的学校连一台电脑都没有，更不用说上网和使用多媒体进行教学了。由于硬件设施不足，农村课改面临着严峻的挑战。

学校成立了课改研究小组，组织全校教师开展优质课展示活动，鼓励更多的教师参与到课改中来，并明确提出不评课、不评价、随意上的要求，目的是“众筹智力”，找准课改的切入口。一次，一位英语教师上“创新课”。这类课一直都不被看好，毕竟陌生的东西想让大家接受有点难度。观摩这节课后，有的教师认为如何培养学生的自主学习能力，如何训练学生的语言表达能力，如何训练学生的小组合作能力，如何收集整理前置性资料……这些内容在这节课上都没有体现出来，建议上课教师去掉形式，多加入一些真诚而实际的内容。

上课教师则认为，她这样上课是对的，只是需要一个过程，需要教师和学生一起不断地实践、探索和磨炼的过程。尽管如此，其他人的不同意见也在一定程度上挫伤了她的积极性。谢耀丰是个爱惜人才的人，他说："我们在公开课后讨论，并不是为了去挑出某位教师的错误，而是要帮助我们教师摆正心态。课改说起来容易，但真正做起来真的很难，这既需要大家不断探索，又需要大家不断包容。"

在谢耀丰的鼓励下，课改取得了较好成效。但是长期以来大家所遵循的旧式教学理念，依然影响着教师们的头脑，如他们中的一些人依然坚持陈旧的"满堂灌"思想，重结果不重过程，这使原本统一好的认识在课堂上完全崩溃。这些都考验着谢耀丰的管理能力。教育改革最难也是最重要的一点就是解决教育者的思想认识问题。2012 年暑假，学校通过课改经验论坛、校长报告、专家报告等方式，做了一系列统一认识的工作。

这次课改给了谢耀丰很大的启示。课改不仅是行动上的大工程，也是思想上的难题。许多一线教师已经习惯了抱着一本教参和一本教材进入课堂，很少有人想到如何才能更好地提高教学质量。毫无疑问，教师在课程改革过程中处于关键地位，他们甚至决定着新课程实施的走向，而这些都不是校长一个人能够掌控的。谢耀丰决定给大家更多的时间来接受课改，所以他面对任何教师的不理解与不耐烦都有着足够的心平气和。

有句说，"事实胜于雄辩"。这件事情也说明，只有用踏实的行动来证明自己，才是说服别人最有效的方法。用事实的力量来构建起一座具有威力的高山，那个时候你讲的话就会像山一样有分量了。谢耀丰初来乍到时，有的教师不愿跟随他的脚步走。面对这样的困境，他没有灰心，而是决定用行动来体现自己在团队的价值。即使是踏踏实实做事，他还是受到了一些人的非议。谢耀丰没去追究这些事情，而去反思自己对下属的态度。

第一点，不管自己的工作有多忙，都要花点时间与教师多多沟通。千万不能因彼此没有沟通好而坏了大局。

第二点，同事就像朋友一样，要学会站在对方的角度去考虑问题。多年重复同一件工作，难免觉得枯燥，教师们发发牢骚是正常的，但他们如果总处于牢骚不止的状态下，校长就应该积极调整自己的做法了。

著名的哲学家威廉·戈德温说："没有比主张有做错事的权利这样一个命题更荒谬的了。"无论你是位高权重者也好，还是平民百姓也罢，都没有一项权利是应允你可以去犯错的。做错了事情就要考虑到会产生什么后果，甚至要做好站出来负相关责任的准备。所以，重"处事技巧"于生活的重要性，可见一斑。

在中国博大精深的文化里，关于"处事技巧"的例子有很多，这里给大家讲一个《学记》中关于处事的见解。"学者有四失，教者必知之。人之学也，或失则多，或失则寡，或失则易，或失则止。此四者，心之莫同也。知其心，然后能救其失也。教也者，长善而救其失者也。"从这短短的言语中可以看出，如果人有一长处，它必然会带有一短处，而短处恰恰藏在长处之中。真正的"长善救失"，是在处事中让两者做到相互转化。人只有去发扬自己的优点，克服自身存在的缺点，两者间做到平衡互补，才能把自己身上发光的地方亮出来。所以，人们必须谨慎处事，否则就不会成就一番大的事业。

在真人秀《梦想成真》节目中，一位评委强迫一个女孩与亲生父母相认。养父母与女孩关系很好，而亲生父母却在 20 多年前将女孩抛弃的人。当女孩明确表示自己不愿意和亲生父母和解时，评委老师摆出了一种"心灵导师"的姿态，指责女孩心胸狭窄、不宽容，一再强调女孩只有理解亲生父母的难言之隐，接受亲生父母，才能得到最终的幸福。结果，网友们纷纷谴责这位评委对该女孩进行道德绑架。大家认为，人的行为是否明智，应该就事论事去评判，女孩认不认亲生父母，那是她个人的事，与他人无关。在节目中，我们看到了那位女孩被该评委老师用道德将了一军后的尴尬。网友说那表情如同“江姐就义”。看来该评委老师已经习惯了做一个道德判官，对于做法不符合自己价值判断的人一上来就是一顿狂殴胖揍，连接纳和宽容这样的基本修养都没有，实属悲哀。所以，我们做事做人，都不能“站着说话不腰疼”。事情都是有因果的，各人自有他处理事情的方式、方法。

智慧箴言：没有比主张有做错事的权利这样一个命题更荒谬的了。无论你是位高权重者也好，还是平民百姓也罢，都没有一项权利是应允你可以去犯错的。

谢耀丰不断反思、总结，在为人处事方面做得越来越好，也习惯了在实践中摸索做事的技巧。作为校长，他不仅在做人上力求成为大家的榜样，而且在做事上也力求做得完美无缺。行走在职场中，与人有关的琐事太多，即使像被人非议的事情不再发生，其他事情也会接踵而来。在遇到不断出现的问题、解决不断出现的问题中，谢耀丰逐渐获得了更多的做事的技巧。

在生活中，没有人是一座孤岛，谁也不能靠个人力量独立存在，所有人都应该将自己置身于社会环境中，适应之，利用之。学校作为社会的一部分，各种利益冲突不可避免，这种情况下就需要管理者巧妙处理好各种关系，让学校在发展的轨道上不偏不离。那么，为了让教育管理更加顺畅，谢耀丰有哪些独特的做事技巧呢？

技巧一　准确定位，以身作则

既然启动了课改，作为管理者势必要将它进行到底。说到这里，我们不得不提谢耀丰在课改过程中的表现。课改一开始进行得并不顺利，谢耀丰最后是如何获得大家的鼎力支持呢？学校领导班子制定了课改目标后，就决定由校长带头，引导教师、学生及家长一起将课改进行到底。学校发布了课改通知后，要求教导处组织各学科教师代表去课改成功的兄弟学校观摩、考察。谢耀丰为了更好地推进课改工作，便成立了课改小组，由这些小组全面负责课改工作。他将教师分成了 5 个小组，每个小组都由学校中层干部来担任组长，带领自己的学科小组着手课改工作。这样的安排看似没有任何问题，计划中的课改似乎可以顺利推进了。但是，事情并没有像想象中那样顺利发展，因为教师对课改还缺乏认识和热情。

大家原以为可以按课改方案来开展工作，但是具体操作起来又不知该往哪儿走好。课改是要承担失败压力的，教师对课改的态度对于课改能否成功非常关键。前一两个星期，大家都在兴头上，就风风火火开始了课改。进行中的这些课改，最明显的地方就是学生展示的时间多了，教师讲解的时间少了。有一些课改课像传统主题班会，学生上来卖力地唱歌、辩论等，教师在旁稍微加以评点、指导。

但是，课改实施还不到一个月，问题就出来了。初二（3）班的郑凤华同学记录了新课改一个月后的课堂变化：

新学期开始的时候，老师在我们年级进行物理教学改革。原来上课，一般是我们按照老师课前发给的学案进行自学，然后尝试着完成老师布置的作业，第一节课基本在读题和讨论中过去。第二节课主要是我们提出问题，老师针对我们提出的问题给予解答。但是新课改后，我们根本无法理解老师给的学案，对许多问题也是不理解的。到了提问的时候，我们也根本不知道如何提问，简直是一头雾水。前三周老师会比较耐心地跟我们讲解，但是最近一周老师已显得烦躁。很快，我们迎来了课改后的第一次月考，我们马上被血淋淋的分数吓倒了！果然，改革是要付出代价的，我们的代价就是考试全面失利，真是“血”的教训！这次物理考试成绩是历次最低的，大家一时都无法接受。后来，老师跟我们说：“课改让你们成绩下降，让我们身心俱疲，真想不干了。”于是，我的感觉就是课改要不了了之了。课改难道仅仅只能存活一个月？接下来，老师仍开始像过去那样给我们上课了，真是“一夜回到解放前”！

看到教师的课改积极性在慢慢消退，谢耀丰并没有就此甘心认输。他认为万事开头难，课改绝不能半途而废。他现在要做的就是振奋人心，提高大家的工作热情，继续把课改进行下去。自从了解到教师课改积极性不高的情况后，谢耀丰立即深入到了课堂第一线。

校长的主要职责是管理学校，负责学校的全面工作，在管理工作之外还要专职上课的不多，谢耀丰是个例外。谢耀丰明白这次进行课改是“摸着石头过河”，谁也没有现成办法，只能一步一步来。如果由他直接负责课改的进行，就可以“一竿子插到底”，有助于解决课改无力的问题。于是，谢耀丰走进教学一线，带头进行课改。对于其他教师而言，校长深入课堂引领课改，表明了学校对课改决策的重视。谢耀丰认为，课堂就是课改的主要阵地，不进课堂，就谈不上课改。他要走进课堂，只有这样才能真正了解到课改情况、教师想法、学生感受，为学校决策和科学管理提供有力依据。

在课改的进程中，大家发现谢耀丰有一个“缺点”，就是对于他人的“攻击”和“反抗”从不给予回击，这看起来似乎有些软弱。而且，这种不拿身份来强制下属做事的风格，让谢耀丰的路走得很不容易。

作为领导者，有权在手，指挥下属，合乎常理。但作为管理者，若想要稳住人心，就要正心严己；若想要下属服从，就要拿出成绩，就要以身作则。谢耀丰在处理事情时，总是身先士卒，冲到最前面，但自己做得太多，自然就容易让下属有偷懒的机会。那么，遇到这种情况时，他又是怎么做的呢？我们从中又能得到什么启示呢？

作为校长的谢耀丰并不直接给教师安排教学任务，负责安排教学任务的是主管教学的副校长。正常来说，副校长对于校长的决策应当是能够在第一时间内做出反应的，但事实上并非如此。副校长的态度与其他抵触课改的教师如出一辙，对推进课改一事并不用心，只是把课改的一些文件转发给教导处而已。见此，谢耀丰既不想与副校长发生正面冲突，又不想课改就此停步不前，于是决定通过课改小组的力量来推动课改。

这样一来，课改工作慢慢走上了正常运行的轨道。谢耀丰一手抓管理，一手抓教学，形成了“管理严谨、教师团结、课改顺利”三位一体的课改模式。课改的成功证明了作为管理者的谢耀丰不仅是管理上的内行、教学上的能手，还是处理各种复杂问题的高手。因此，可以说学校课改的成功，是谢耀丰带领着大家在教学一线摸爬滚打干出来的。

智慧箴言：有异样的声音并不奇怪，关键是你如何去看待它，如何做到不随波逐流。

没有一个人比谢耀丰更加了解这所中学的师资力量，也没有一个人比他更加了解课改对于学习的意义，所以他才决定冒险一搏。到教学一线去，于他而言不是权力的削弱，也不是威信的损减，而是以身作则，他要带领大家杀出一条"血路"。谢耀丰非常明白，校长不仅要承担起领导者、管理者的责任，同时要承担起服务者、落实者的责任。他更加懂得，要啃课改这块硬骨头，校长不下口，谁下口？必须从自身做起，必须舍得付出，必须敢于创新，才能带领大家向前冲。换句话说，校长只有掌握了课改的第一手资料，才能更好地分析课改得失，才能更好地落实课改，才能更好地发展学校。

苏联著名教育家马卡连柯说："应该有这样的教师集体，有共同的见解，有共同的信念，彼此间互相帮助，彼此间没有猜忌，不追求学生对个人的爱戴。只有这样的集体，才能够教育儿童。"谢耀丰正是通过"准确定位，以身作则"的策略，来慢慢加强教师队伍的建设的，这也为课改提供了智力保障。这一点上，他较之一些只会靠权力说话，只会发号施令的领导，更有底气，更有信心。

那么，在课程改革面前，谢耀丰能挑选出合适的人才吗？他又该如何做到公正公平，任人唯贤呢？

技巧二　拒绝诱惑，选贤任能

2010年的D中学近似一盘散沙：领导层矛盾重重，教师责任心不强，学生无心向学。谢耀丰到任不久就发现，有些领导无论是管理能力还是教学能力都不高，甚至算得上平庸。这就是为什么有的领导威信不高，所下命令无人服从了。谢耀丰决定通过竞聘的方式来选择真正适合实施课改的人才。说到这儿，就不得不说一件事情。

谢耀丰发现原来选用干部的弊端之后，就决定改变一下做法，而实行中层领导公开竞聘是他做的第一个改变。对于履新不久的谢耀丰来说，这是一个考验，大家都在看着他怎么做，因为这件事情关乎他作为校长的用人倾向和管理取向。恰恰在这时，一个朋友私下里来找谢耀丰，提出想担任教导处主任一职。

这里就涉及"人情化"管理概念，它是一种以个人情感和关系为导向的管理模式。人情管理没有制度作为管理依据，单凭管理者的个人好恶进行管理，没有科学依据，非常主观。其特点是以"情面"为主，无视管理程序与规范。其具体表现为：以感性挑战理性；以人情挑战原则和制度；以个人挑战组织。在人情与人性的关系中，如果使人性让位于人情，就被称作"妇人之仁"，只会误事。"妇人之仁"在字典中带有贬义，有"当断不断必有后患"的意思。楚汉相争时，在秦朝都城咸阳郊外的鸿门举行的一次宴会中，项羽因刘邦示弱，而动了妇人之仁没能痛下决心杀掉刘邦，所以后来丢了天下，最终被刘邦杀死。

谢耀丰明白，如果自己徇私情影响这次精心准备的中层领导选拔，就是将公开的选拔标准私有化。如果只是为了人情而触犯规则，岂不是举起巴掌打自己的脸吗？学校正处于整顿的关键时候，如果不能公正选拔出领导干部，学校状况如何改变？如果任人唯亲，只考虑私人利益，那么学校的发展依然令人担忧，自己的信誉也会宣告破产。

国学大师南怀瑾先生曾在《论语别裁》中这样论道："上等人，有本事没脾气；中等人，有本事有脾气；下等人，没本事有脾气。"很多人多以所处阶层将人分出等级，南怀瑾别出心裁，从人的脾气大小来评判一个人的本事。当得了管理者的人，一般都有点本事，但真正有本事的人懂得如何拒绝诱惑，从不意气用事，从不将私人情感夹带到公务中，该按公事处理就从不按个人私情了断。所以在处理朋友这件事情上，谢耀丰选择了以大局为重，拒绝了这位朋友。谢耀丰明白，对待朋友最好的办法就是“动之以情，晓之以理”，明白事理的人自然不会让自己为难，不明白事理的人则不值得交往。他做事始终秉持着一个原则，该坚持的原则、该拿捏的分寸，一样都是不能抛弃的。

谢耀丰了解到朋友又找上级领导来“开路”后，还是坚持任人唯贤的原则，希望通过“三公”的方式选拔真正的干部为学校服务。谢耀丰也知道，大家都清楚在学校领导干部选拔上，会有托关系、走后门的人，就看他如何处理好这些事情、会不会徇私情了。最后，经过层层推荐，多次考察，多方测评，这位朋友并没有如愿当上教导处主任。事后，谢耀丰跟这位朋友坦率地讲出了自己的想法，得到了对方的理解。

这就是谢耀丰做事的智慧。在光怪陆离的世界里，拒绝诱惑，选贤任能，始终坚持有理有据，看似无情，实则多情。坚持了自己的原则和分寸，在稳定人心的路上也不一定是一帆风顺的，所以谢耀丰又不得不使出新的招数将问题一一化解。他又遇到了什么问题，又是如何解决的呢？

技巧三　深入人心，化解矛盾

两个月前，市内一所负有盛名的中学发生了一次全体教师“罢课事件”。罢课时间持续两天，一开始只是部分教师罢课，可随后一天之内，全校 250 多名教师不约而同地让学生自习起来。全体教师都不上课了，这是什么情况？有一个班的学生说：“我们化学老师说学校要扣除他们 30％的总工资作为绩效工资，大家都非常郁闷，只能通过不上课的方式来抗议，所以让我们全部自习。”原来，教师们以为即将推行的绩效工资改革会导致他们的收入减少，认为绩效工资不过是“用自己的钱奖自己”，根本没有存在的必要。面对罢课事件，该校校长召开了紧急会议，把教师们批评了一顿，并且希望大家理性看待绩效工资的改革，多考虑学生和家长的利益，不要意气用事，因为这样的行为无疑违背了职业道德，损害了学校声誉。

该校校长采取的措施不仅没有缓解教师们的情绪，反而让大家更加愤怒，咬定学校领导是贪污了绩效工资的罪魁祸首，并且抨击学校的绩效实施方案有意向校领导倾斜。这件事，在绩效工资改革刚刚推行的关键时刻影响很大，市教育局不得不发文让各校广泛征求民意，以便顺利实施绩效工资改革。

同样的绩效工资改革也在谢耀丰的学校进行着，对于可能出现的问题，谢耀丰已经制定了很多应对方案，但是他跟上面所说学校校长做法不同的是，首先让教师们学习省市教育部门关于绩效工资改革的文件，并针对疑问一一为大家解答；然后发给大家“绩效工资实施方案”（草案），充分征求大家的意见。另外，他着重解决两对矛盾。

第一对矛盾，就是职称高的教师与职称低的教师之间的矛盾。奖励性绩效工资是将全体教师们的工资扣留 30%，再按照工作量、各种成绩、荣誉等重新进行分配，多劳多得。而职称高的教师的工资高，他们被扣的钱就多，再和其他教师一块重新分配，得到的绩效工资往往比扣留的那部分少，有的教师心里很有意见。

第二对矛盾，就是学校领导与普通教师之间的矛盾。绩效工资重行政、轻教学，向行政领导倾斜，普通教师心里就非常不平衡。因为按照这种实施办法，就会出现一个工作 20 多年的一线教师和一个 20 多岁在学校担任团委书记的教师的待遇相仿这种情况。该地区自实行绩效工资改革以来，绝大部分学校制定的绩效工资分配方案都明显向行政管理人员倾斜，有的学校行政人员最高工资可达一线教师工资的三倍，一线教师获益却不多。

为了获得大家对绩效工资改革方案的认同和支持，谢耀丰做了三件事情。首先，谢耀丰主持全体教师会议，组织大家对教育部和省教育厅下发的绩效工资文件进行学习。他亲自在发言席上对大家的疑问做出解释，并且所有解释都有据可依，令人信服。其次，他在学校网站上设立一个论坛，专门供大家发表对绩效工资改革的建议，学校领导择优吸纳，并面对面地将处理意见反馈给大家。最后，引导大家理性看待绩效工资奖惩的功能，建立正确的“绩效观”（适当拉开分配差距，有利于调动大家的工作的积极性）。谢耀丰主张绩效工资向一线教师、骨干教师、班主任和做出突出贡献的其他工作人员倾斜，行政领导带头减少，做出让步，切实体现多劳多得、优绩优酬的原则。

苏霍姆林斯基说：“全体教师团结一致是教学教育工作成功的保证。”只有形成团结协作精神，才能团结一致地完成教育任务。谢耀丰通过以上三件事，解决了内部矛盾，避免了外界口中的绩效工资制度将发展成为“割教师的肉、涨领导的袋”的做法，而且有望将绩效工资发展成为提高教师待遇的渠道。

可以说，化解领导与教师之间矛盾的关键在于领导如何“让利”。大家都明白，自私是人的本性，每个人对生活都充满欲望，是有欲望的生命体。如何平衡各方利益，如何处理各种利益，如何增长各项利益，都在考验管理者的智慧。在解决这些问题上，谢耀丰有很深的体悟。他认为，外界给了教师太高的定位，但如果只是把教师当成是园丁、是春蚕、是人类的工程师、是把自己燃烧掉的蜡烛这样一种“牺牲者”，无疑是有失偏颇的。其实教师跟其他职业的工作者是一样的，也是实实在在的社会人，也是非常普通的一个生活者，他们跟所有人一样有着自己的喜怒哀乐，有着自己的追求和欲望。教师有其光明、积极的一面，同样也有平常人狭隘的一面。出于这样的理解，他处理起绩效工资改革时虽显得世俗化了些，却赢得了大家的认同。

谢耀丰应对这种内部意见不合的方法，叫作“深入人心，化解矛盾”。这里面有五个关于处事方法的提示。当遇到一些无理取闹的下属，比如，这些人总是不服管理，而且吵闹不断，我们就应注意这五个提示：

第一个提示——有分寸，不懒惰。无论你的位置是高是低，你都要高调做事，低调做人。切不可惰性缠身，否则就会误事。

第二个提示——有眼光，不功利。进行管理要有细水长流的心态，立足长远的发展，避免急功近利，不能急于催生结果。

第三个提示——有定力，不迷糊。当下各种改革思潮名目繁多，作为管理者要站稳脚跟，不可哗众取宠，丢了分寸。

第四个提示——有根据，不盲目。学会在实践中获得行动的根据，要有符合自己内部管理的方法，不照搬照抄人家的经验。

第五个也是最重要的一个提示——有良知，不激进。在集体中做事，保护员工的积极性比调动他们的积极性更重要。做任何事情都要多考虑他人的立场，只有为别人着想，才能让有积极性的人保持高昂的斗志。

谢耀丰做好了以上这几点，所以不管遇到的是什么样的棘手问题，都能够一一化解。虽然有几次由于学校新规定、新制度、新改革让个别教师不满，但是谢耀丰在处理这些问题时从来没有失过手，处理事情的技巧也越发娴熟。

校长的工作主要是管事，但是只有管好了人，才能管好事。谢耀丰是如何管人，如何真正做到人尽其才的呢？他又有哪些管人策略值得我们借鉴呢？

第四章

智慧管人策略

世事并不是完美的，在管理上也是一样。管理经验的形成不是一蹴而就的，它是经由时间的沉淀、人生的磨炼而成的。观察周围，你会发现有的管理者会当众怒斥下属，有的在决策时会犹豫不定，也有的会在授权时失误，等等。这样的例子在管理过程中比比皆是，出现这些情况的原因大多是管理者管人策略的缺失。那么，要想在管理上避免这些失误究竟有什么样的好方法呢？在这方面，谢耀丰做得很好。在二十多年的管理生涯中，他一直致力于管人策略的研究与实践。那么，谢耀丰在管人这方面究竟有什么诀窍，我们从中又能得到怎样的启发呢？

民间有一句俗话："一个篱笆三个桩，一个好汉三个帮。"不管你多有才干，关键时刻也得靠好帮手。这句话用来形容谢耀丰特别贴切。在校园中谢耀丰无论走到哪里，都有人恭恭敬敬地向他问好，从中可以看出大家对他的尊敬和支持。有深厚的群众基础，谢耀丰自然就不会缺少好帮手。

《三国志》里有一句话，叫"用兵之道，攻心为上，攻城为下；心战为上，兵战为下"。意思是说，从心理上瓦解敌人使之投降是上策，强硬攻打城池是下策；以攻心为主是上策，以武力取胜却是下策。谢耀丰在这方面做得很好，他懂得用真挚的感情打动别人。

研究三国时期这些人物，在攻心方面做得最好的，一个是刘备，一个就是诸葛亮。诸葛亮在世人眼中是智慧的化身，是神机妙算的卧龙先生，他善于抓住敌人的弱点，用己心打动彼心。下面我们就来看看诸葛亮是如何"攻心"的。

三国时期，蜀汉丞相诸葛亮为了巩固后方，率领军队南征。正当大功告成准备撤兵的时候，南方彝族的首领孟获纠集了被打败的散兵来袭击蜀军。

诸葛亮得知，孟获不但作战勇敢，意志坚强，而且待人忠厚，在彝族中深得人心，就连汉族人中也有不少钦佩他的，因此决定以服其心的方式收降他。于是，诸葛亮便用马谡提出的"攻心为上，攻城为下，心战为上，兵战为下"的策略，准备让孟获心服口服。

其实，诸葛亮可以在第一次抓到孟获后将其杀掉，然后班师回朝，但他却不厌其烦、反反复复擒放孟获达七次之多。为什么呢？因为诸葛亮明白，从心理上征服对手才是真正的胜利，武力只能暂时解决问题，过分强求到头来只会得到对方"身在曹营心在汉"的结局。诸葛亮"七擒七纵"之举就是为了感化孟获，让他不再有反叛之心，真正为自己所用。

我们通过这个故事可以得到一个启示：攻心之术的效用确实很大。现代心理学认为，每个人身上都有一个最柔软的地方，同时也是最薄弱的地方，那便是心灵。谁懂得感化人心，谁就能在管理上事半功倍，旗开得胜。

智慧箴言：每个人身上都有一个最柔软的地方，同时也是最薄弱的地方，那便是心灵。

但是，并非所有人都懂得“攻心”之术，不懂装懂的人用这一招，还会到处碰壁。我们这里所说的攻心并非贬义，不是人们用来钩心斗角的手段。“攻心”不是用三言两语几句话去笼络别人，不是靠请别人喝茶吃饭去打通关系，更不是依靠钻石珠宝去买通别人，而是以自然的行动无声无息地取得对方的信赖。

我们用实际例子给大家解释一下，为什么深得人心不能靠表面功夫。

谢耀丰认识的一位老校长就很喜欢用笼络人心的方法管理自己的下属。老校长的学校有一位很出色的教导处主任，不仅有多年的工作经验，而且做事认真负责，上级交代的事情向来能够按时完成并且质量很高。这位教导处主任是那种对什么事都充满热情的人，从他身上你能感受到一股不服输的劲头。

人常说：“世事难料，往往你所期望的与现实之间会出现一定的偏差。”有一次，原本负责撰写学校财务报告的总务处主任因事请假回家，但是老校长第二天急用一份财务报告，大家急得像热锅上的蚂蚁。在这么短的时间内，去哪里找一个合适的人接手这项工作呢？几经考虑，老校长最终把目光锁定在了这位教导处主任的身上。接到任务的教导处主任没有辜负老校长对他的期待，出色地完成了财务报告的撰写工作，而老校长也凭此报告顺利完成了工作。经过这件事情，老校长觉得教导处主任是一个好帮手，便想发挥教导处主任的优势，为自己所用。怎样才能为自己所用呢？老校长绞尽脑汁想了几个晚上，终于有了一条妙计。为了笼络教导处主任，老校长请他吃了一顿大餐。在饭桌上，老校长笑眯眯地承诺：“你这个人不错，如果评选‘南粤优秀教师’等先进教育工作者时，一定优先考虑你，年轻人好好干!”此话一出，教导处主任心里特别高兴，于是更加卖力地为老校长工作。正当老校长为自己的小聪明得意时，问题出现了。全市评选“南粤优秀教师”，每所学校可以推荐一名教师，教导处主任本以为老校长会遵循承诺推荐自己，但是想不到老校长却极力推荐另一位教师。愤怒的教导处主任当面质问老校长当初是怎么说的，老校长无言以对。

从此，这位教导处主任事事与老校长对着干，不知实情的教师对他的做法很不理解。这位教导处主任因对这件事耿耿于怀，不久就调去了另一所学校，老校长也因此失去了一员干将。

通过这件事情我们可以看到，要想深得人心，并不是随便许诺就可以的。我们来分析一下，为什么老校长想拉拢人心，结果却适得其反呢？古人云：“君子一言，驷马难追。”上述事例中的老校长之所以失去人心，是因为喜欢开空头支票。他为了让下属心甘情愿地帮他做事，轻易地向对方许下自己不能实现的承诺。我们认为，这种行为是不可取的，也是不道德的。这反映了一个管理学上的原则，即管理者和下属交往时，尽量不要轻易许诺，一旦许诺，就要竭尽全力去兑现。

智慧箴言：管理者和下属交往时，尽量不要轻易许诺，一旦许诺，就要竭尽全力去兑现。

管理者必须铭记：说出去的话就像泼出去的水，无法收回。所以在许诺之前，你要想想自己是否真的有能力兑现，切勿轻易许下不可兑现的承诺。如果许下承诺却无法兑现，你很容易在下属的心目中留下不守承诺的印象。所以，作为管理者一定要明白“一诺千金”的特殊意义，要懂得什么是“一言九鼎”。

“吾日三省吾身。”谢耀丰是一位特别注重反思的人，他从老校长身上获得了不少教训。那么在深得人心的过程中如何避免失信呢？如何从内容而不是形式上做到真正的深入人心呢？下面我们不妨听听谢耀丰总结的

“三步曲”。

第一步：做出任何承诺之前必须先“想”。何谓“想”？即懂得深思熟虑。如果自己不能完全肯定事情是否能够实现，就坚决不要承诺；一旦许下承诺，就要尽力实现。相反地，一旦你失信了，别人对你的信任也会因你的行为而土崩瓦解，你将要承担严重的后果。

第二步：按时实现自己的承诺。若你有能力去实现，就要按时实现承诺，千万不要因为一些主观因素而不去实现或者推迟实现，比如，你突然看这个人不顺眼了，打心底里就不再想帮他，等等。要知道这些行为都是不道德的。

第三步：迫不得已不能实现承诺，要及时解释原因，并求得对方谅解。若发生了突发情况而使你不能实现承诺时，你应该立即诚实地和下属进行沟通，道明前因后果。你的诚意也许会打动他们，他们会理解你的处境，同时相信你是真心想帮他们。如果做到这些，在他们心目中你就是一个可以依靠、值得信赖的人。

生活中有很多管理者因为随便乱开“空头支票”而导致信誉破产，他们要承担的代价是巨大的。你的一个小小承诺有着沉甸甸的分量，因为它实现与否直接影响你在大家心目中的威望。那种“今天利用诱惑骗取下属们的积极性，明天却让他们失望”的行为是不值得提倡的。我们认为，一位成功的管理者就应该是一位言出必行的君子。想深得人心仅仅要靠向下属们许下诺言这种方法吗？答案当然是否定的。那么，除了这个我们还有什么方法呢？

在管理上要想深得人心，“讲人情”是我们较青睐的一种方法。在许多影视作品中我们通常会看到一些情节中出现“法律不外乎人情”的观点，但同时也有人赞成“无规矩不成方圆”的说法。在现实生活中我们难逃“人情”之网，因为人与人之间总是要靠情感来联系的。其实从另一个角度讲，讲人情与用制度是一种有效的互补，所以在管理上使用这一刚一柔的方法更能达到你想要的效果。严格按照规章制度办事难，讲人情更难，那么如何通过讲人情而深得人心呢？这其中大有学问。

有一位教师因家里有事要请假，按理来说有事请假没什么奇怪的，可关键就是时机不对，所以办公室主任坚决不同意。这位教师在一个月之内请假次数已经多达5次，每次的原因都是家里有事，这让办公室主任忍无可忍。这位教师遭到拒绝就急了，与办公室主任争吵了起来。办公室主任无奈，就找来了谢耀丰，请他定夺。谢耀丰看到这位教师激动得脸都红了，同时留意到他眼角还闪着泪花，心想男子汉大丈夫居然流泪了，家中有事可能是真的，于是就同意了他的请假申请。办公室主任对谢耀丰的做法很不理解，认为这是在助长教师的懒惰之风，是一个非常不明智的决定。谢耀丰当即就对办公室主任说了一段语重心长的话："我们要学会站在他人的角度看问题，也许他请假真的有什么迫不得已的苦衷呢？如果我们凭借自己主观想法去判断，很有可能就是错误的。规章不外乎人情，我们应该通融些。"不仅如此，谢耀丰还决定帮那位教师一把——如果他的家中真的发生了什么事情的话。

后来才知道，原来是这位教师的母亲不小心摔坏了一条腿，身边离不开人照顾。得知实情的办公室主任主动向这位教师道了歉，并表示愿意帮助他。谢耀丰这个举动就叫作"讲人情"，凡事都要想想别人的处境，推己及人，将心比心，不能总是站在自己的角度看问题。

对下属工作上的细心指导也是管理者"讲人情"的一种具体表现。对于许多新教师来说，经验远远不够是工作上难免会遇到的问题。作为管理者，可能你无论是在专业水平上还是在工作经验上都比他们有优势，但如果你利用这些优势装腔作势的话，往往是会让人心生反感的。相反地，如果管理者传授给他们从别处学不到的知识，分享自己的经验，并愿意真心指导他们，他们就会越学越好，能力越来越强，而对热心帮助自己的领导也会心存感激。谢耀丰每次遇到教师请教，都会花很多时间给他们解答，从不敷衍了事。一位新教师这样评价谢耀丰："我们的校长是我的专业导师，他教会我许多东西。当我遇到困难时，他会认真地帮助我解决问题。原来以为校长会摆出高高在上的姿态，想不到他如此平易近人，非常乐意和我们分享工作经验，这让我们青年教师学到了很多东西。”

通过这位教师的话，我们可以知道谢耀丰是一位令人尊重的校长。能得到下属的高度肯定，与他换位思考及细心指导后辈的管理办法不无关系。除了这些，谢耀丰还有一些管人策略值得我们借鉴。

策略一　选人的注意要点

麦肯锡公司的一位高级主管曾说过：“在知识经济环境里，最起作用的是人才，得人才者得天下。”很多竞争的实质是人才竞争，我们举一个例子。

有三个人将要被关进监狱，监狱长答应给他们每人实现一个愿望的机会。美国人爱抽雪茄，要了三箱雪茄；法国人最浪漫，要了一位美丽的女子相伴；而犹太人说，他要一部与外界沟通的电话。

三年过后，第一个冲出来的是美国人，他嘴里、鼻孔里都塞满了雪茄，大喊道：“给我火，给我火!”原来他忘了要火。接着出来的是法国人，只见他手里抱着一个小孩，美丽女子手里牵着一个小孩、肚子里还怀着第三个小孩。最后出来的是犹太人，他紧紧握住监狱长的手说：“这三年来我每天与外界联系，我的生意不但没有停止，利润反而增长了200%，为了表示感谢，我送你一辆劳斯莱斯!”

很显然，美国人现实，法国人浪漫，犹太人创造财富。如果你是企业管理者，会选择哪个人为你办事呢？如果说“女怕嫁错郎，男怕入错行”，那么管理者最怕的就是选错人。

中国历史上曾有过这样的典型例子。《资治通鉴》里记载着这样一件事：唐太宗李世民让大臣封德彝推荐人才，封德彝非但推荐不出贤才，还回答道："并非臣不尽心，只是今世没有杰出的人才罢了。"唐太宗听后，十分不快地对封德彝说："君子用人如器，各取所长。古之致治者，岂借才于异代乎？正患己不能知，安可诬一世之人。"意思是说，用人跟用器物一样，每一种东西都要发挥它的长处。古时候那些把国家治理得好的君主，难道是从别人的时代借人才吗？你自己应该清楚，症结在于你不能知人，怎么还诬蔑一世之人呢！说实在的，凡是有人的地方就一定存在人才，封德彝认为没有人才，认为不存在闪闪发光的金子，这是他自身不具备识人的能力。现实生活中，由于多种因素的影响，我们往往不能正确识人与选人，那么在选人上需要注意什么呢？

说到选人的关键之处，我们要提到谢耀丰的亲身经历。在谢耀丰二十多年的管理生涯中，也曾出现过"看走眼"的事情。

谢耀丰对于学校食堂食品安全问题一向很重视，之前学校食堂承包给了教师家属。可是因为用人不当，饭菜质量屡出问题。经领导班子讨论，一致决定把饭堂的管理权收回并另外选人管理。谢耀丰考虑到要选的人必须做事可靠，就委派了一个人来管理学校食堂。

这个人是总务处主任。用谢耀丰的话讲，他是一个形象好、有权威、注重办事效率的人。有人问谢耀丰心目中这位总务处主任的形象是什么样的，他说这个人就像一位老军人，执行力强、有经验。

食堂管理看似简单，实际上要管好很难。洗菜小工丢掉几斤菜是小事，上万斤米面的采购出错，就是大事了。学校食堂营利多少是其次，保证师生吃得安全、舒心是首要的。

这位总务处主任不负众望，对食堂工作进行了大刀阔斧的整顿，使学校食堂逐渐走上了正轨，并且发展得越来越好。这让谢耀丰非常满意。

都说"三分管人七分选人"，至于选人的关键，谢耀丰概括为"知人""知面"和"知心"。"知人"是指要通过平时的观察了解这个人的才能。"知面"是指对这个人的了解要面面俱到。"知心"是指真正了解这个人的内心。"知人""知面""知心"，只有做到这三知，才可能选好人才。我们甄别与选拔人才，不能只观察其表面，还需要重点考察其内在涵养，这样才能选出德才兼备的人才。

智慧箴言：我们甄别与选拔人才，不能只观察其表面，还需要重点考察其内在涵养。

慧眼识人、选人是很需要技巧的。在管理上，选对了人就相当于成功了一半。当你拥有了一匹千里马的时候，如何用它才可以把它的才能发挥到极致呢？这成了我们的另一大困惑。那么，谢耀丰是怎样用好他手中人才的呢？他对于用人又有哪些心得呢？

策略二 用人的几项标准

著名文学家韩愈曾说："世有伯乐，然后有千里马。千里马常有，而伯乐不常有。"这正说明了世间伯乐比千里马更难找。《昌黎先生集》的《杂说》第四篇记载，伯乐是千里马的知音，后世以"伯乐"来代表那些知人善任、用人所长、勇于荐人的人。

在第二章中我们提到，谢耀丰刚担任校长就要孤身一人面对学校杂乱的情况。他想过很多种解决措施，最后决定采用原则性与灵活性结合的管理方法，这种方法就涉及如何恰当用人。在用人上，管理者都难免会失误，但"人有失足，马有失蹄"，每个人犯错误都是难免的，最重要的是懂得从失败中吸取教训，从成功中借鉴经验。

随着课程改革浪潮的涌起，D中学的课改工作也如火如荼进行着。很荣幸，初一（2）班成了本次改革的试点班。"万事俱备，只欠东风"，那段时间谢耀丰在不断思索一个问题："到底找哪位教师担任初一（2）班班主任比较合适呢？"正当他烦恼之际，一位教师自告奋勇表示愿意接受这个具有挑战性的任务。谢耀丰被他对课改的热情所感动，最终拍板由他担任初一（2）班班主任。“皇天不负有心人”，一年以后，这个试点班办得非常成功，班主任一炮而红。“有花自然香，不必大风扬”，这位教师在本区的名气越来越大，经常被请到外校做经验交流。通过这件事情，我们能看出这位教师有以下几个特点：

第一，做事热情似火。他比别人多了一份热情，多了一份积极主动，所以能获得班主任这个职位并在此职位上脱颖而出。

第二，很有大局眼光。知道课改是什么，也知道课改成功意味着什么，眼光很长远。

第三，做事能力强。做事情能举一反三，是一个精明能干的人。

这位教师应该是一位不可多得的人才，而作为教育管理中的伯乐，谢耀丰同样懂得去发现这样的人才，赏识这样的人才。谢耀丰发现，这位教师不仅在教学上出类拔萃，当班主任也是非常勤奋和敬业。他的班上原来有一名女学生，该女生由外公照顾。上学两个月后，该女生就开始经常请假，说身体不舒服，特别到了星期一、星期二的下午更是如此。班主任开始认为她有厌学情绪，后来得知该女生的父母在其四岁时离异，法院判其由母亲抚养。该女生的妈妈是一名普通职工，平时工作很忙，经常上夜班，早出晚归，很难照顾到她。班主任认为她对待上学的态度并非出于身体原因，而属于心理上的疾病，即“恐校症”。

“恐校症”是儿童恐惧症的一种特殊类型，指儿童对学校特定环境异常恐惧，强烈地拒绝上学的一种情绪障碍。这位班主任多次开导和关心该女生，该女生的情绪才慢慢好转，开始正常上学了。

有一年，市里评选优秀教师，要求谢耀丰的学校也推荐一名。学校领导班子对于这一人选有多方面的考虑：其一，教师工作要积极主动，对教学足够热忱，关爱学生；其二，鼓励年轻教师，挖掘有潜能的年轻教师。结果众望所归，这位教师成功当选市优秀教师。

关于德与才之间的关系，接下来我们跟大家分享一个说法。究竟具备什么样特点的人才可堪重用呢？研究发现，假如一个人有才没有德，那是祸害；假如一个人有德无才，那是无能。“有才无德”一无可取，“有德无才”尚可培养。引用企业家牛根生的经典话语叫作：“有德有才，破格重用；有德无才，培养使用；有才无德，限制录用。”所以真正的人才是有德又有才。

教师是人类知识的传递者，是人类社会物质文明、精神文明发展的重要媒介。人类社会的发展往往受到教师劳动的影响，因此，对教师职业以及教师群体的关注程度较其他职业应处在一个更高的层次之上。谢耀丰认为在培养学校人才的时候，不仅要增强教师的教学技能，丰富教师的专业知识，更重要的是提升教师的思想高度。教师以高尚的品格，潜移默化地影响着学生的心灵，使学生成长为健康、积极、向上的新一代。因此，在学校的发展之中，必须认识到师德建设的重要作用，认识教师职业的神圣性，因而谢耀丰对教师的道德提出了更高、更严格的要求。

在谢耀丰的眼中，上面提到的这位教师的德远远胜过于才。在历史的长河中，我们看到很多有才无德之人给国家带来祸害的典型案例。战国时期的范雎，在长平战后，因妒忌白起的军功，借秦昭王之命迫使白起自杀，使得国家白白损失一位人才。管理学认为，“德”是衡量人才的最重要标准。

早在唐代，朝廷对官吏选拔任用的核心标准就是一个“德”字，官吏不仅要做到为人以德，更要做到为政以德。德是做人的本，一个无德的人，他的文化水平越高，对社会造成的危害就越大，因此对这类人我们要格外注意。

谢耀丰在用人标准上的界定有自己的一套理论，他对用人总结了几条标准：第一，德才兼备。其中德是最重要的，也是用人的首选标准，无德之人万万不可用。第二，用人不疑，疑人不用。第三，用人所长，使其尽善。

有德有才的人是十分受青睐的，但这样的人才是相当难遇的，所以当他们像流星般出现时，作为伯乐的你需要把握时机，让这匹千里马为自己所用。然而，世界上这样的人才占少数，多数的人都像石头一样需要用心雕琢。谢耀丰也明白这个道理。那么，在培养教师这方面，谢耀丰是怎么做的？我们从中又能获得怎样的启发？

策略三　育人的常用方法

说到育人方法，我们先给大家讲一种教育现象。王安石笔下的仲永是一个天才，年纪小小就能作诗，但最后却落得一个“泯然众人”的结果。有些人童年时表现出色，但由于不注重后天锻炼，最后一事无成。相反，有些人本来很平凡，但经过后天努力把自己练成了业界高手。为什么会有这种现象呢？我们分析一下。

一户人家有一对双胞胎，两个宝宝同时出生，一起长大。巧的是，她们都喜欢阅读，都梦想当作家。由于家境贫穷，姐姐便辍学为妹妹赚取学费。当姐姐把生活的重担挑在肩上，为生活奔波时，儿时的梦想早已忘得一干二净。妹妹呢？在姐姐的帮助下读了大学，任自己在书海中遨游，勤奋写作，终于成了一名作家。

的确，一个人后天所接受的教育是很重要的。姐姐由于缺乏后天的教育，所以最后无法实现自己的梦想。妹妹呢？幸运地得到了后天学习的机会，最终成就了自己的梦想。

所以，不管在什么领域，后天的成长对于任何人来说都是很重要的。那么，领导要想培养下属，最重要的是什么？是给他一个属于自己的平台。你也许担心他会犯错误，但是他错了一次就会有反思，下一次就会做得更好，离成功也就不远了。现代管理学把这叫作“相信每个人都有潜能”。给培养对象搭建一个展示自己的平台，需要领导者有相信他人的勇气，要相信他能把你交代的事情完成得妥妥当当。作为上级领导，如果不信任下属，不培养下属，那么就不要指望他能独当一面了。

如果有一天你当领导了，第一次见面会上你的下属们轮流做汇报，个个能说会道。面对这样的下属，你应该高兴还是难过呢？告诉你，你该做好应对挑战的准备了。因为这种情况表明如下三个问题：第一，你的下属都有很好的平台，锻炼得很好，你如果才能一般，是难以驾驭他们的；第二，你的前任很厉害，懂得给予他们机会，让他们锻炼；第三，下属们将来也要求你达到旧上司的水平。

假如第一次见面会时，你发现下属又懒惰又消极，发个言吞吞吐吐，大多数的想法都是直接从网上抄袭的，而且还抄得张冠李戴。面对这样的下属，你该高兴还是难过呢？这种情况表明：首先，你的下属们没有平台，得到的锻炼机会很少；其次，他们对自己的要求很低，觉得工作做得差不多就行了，难有进取心；第三，实在管不住，你可以跟他们说，连你们旧上司都不行，何况我呢？这一句话就可以把责任推得一干二净。

自私的领导是带不出好的下属的，在他的手下你将看不到任何出色的人才，因为这样的领导不愿意把平台让给人家，相当于间接扼杀了人家发挥才能的机会。真正会培养人的高人，要敢于让出机会才行。

谢耀丰在这一点上做得非常好，他明白，给大家一个平台就是对他们最好的培养。就如孩子的成长，父母知道放手，让他们独立便是最好的教育。父母如果总是替孩子想很多事情，担心这个，担心那个，什么都替他想，那他怎么能够成长呢？温室中的花朵是很难在暴风雨中生存的，所以要想孩子成长，就得放手让孩子独立。关于谢耀丰培养教师的方法，我们举一个小例子。

谢耀丰是那种关注前沿思想观念的人，他觉得帮助年轻人成长不是给年轻人施加压力，而是让年轻人进入人生另一个境界去看更远更美的风景。有一年来了一位代课教师，有着朴素的外表以及一口流利的普通话。这位教师刚上课时很不习惯，结果上课时学生常和她顶嘴，家长也埋怨她没水平。谢耀丰见她整天愁眉不展，就乐呵呵地对她说：“你要多想想办法改变自己，以便适应这个环境。”听了谢耀丰的一席话后，这位新教师恍然大悟。在接下来的日子里，图书馆有了她的身影，教师宿舍的灯经常很晚才灭，她正在努力地改变着自己。一学期过去后，她的教学水平提高很大，成了学生和家长喜爱的教师之一。这时，谢耀丰提出了让这位新教师做梦都想不到的建议——担任毕业班的班主任并兼任语文教师。这种情况在学校的历史上是从来没有出现过的。

哪位领导敢冒这个险，让一位经验不足的教师带一个毕业班呢？如果她不能胜任，影响可是很大的。先不说她带不好班会连累谢耀丰被追究责任，单是毕业班的升学率提不上，就会直接影响学校的声誉。但是，谢耀丰觉得这是一个锻炼这位新教师的好机会，就大胆给她增担子，加动力。“天将降大任于斯人也”，谢耀丰相信这位新教师在压力下会更上一层楼。正当大家都为谢耀丰的不明智之举感到担心时，这位新教师所带领班级的重点中学升学率创了历史新高。

通过这件事我们可以看到，谢耀丰把最具有挑战性、最有难度的任务交给了学校最年轻的教师去干，不怕她不会，不怕冒风险，同时，还给予了精心指导，政策保障。这就是谢耀丰独特的培育人才的方法。

要想培养教师的能力，就要让其在实践中去体验，去学习，去磨炼。谢耀丰曾推荐这位新教师参加区里的教学比赛，她不负众望，取得了第一名的好成绩。这次比赛使这位新教师增强了自信，也使其心中成就感油然而生。之后，只要有高水平研讨会，谢耀丰大都推荐她参加，她因此有了很多机会与特级教师零距离接触，开拓了眼界，学习了新知。久而久之，她成了大家公认的优秀教师，也成了一位名副其实的教学名师。

其实谢耀丰作为一校之长，百事缠身，完全可以不如此细致、耐心地引导一位年轻教师，但他这么做了。谢耀丰想的是，一所学校如果缺少人才，将来怎么办？所以，他一直把培养教师作为自己的重要职责。培养教师就是要在他们困难时给予他们帮助，不要任其茫然无助。培养教师，就需要给他们提供平台，让他们去经受磨炼，去经历风雨的洗礼。给他们提供什么样的平台呢？为了开阔他们的视野，可以推荐他们参加各种各样的研讨会；为了增加他们的自信心，可以多给他们参加比赛的机会；为了提高他们的科研能力，可以帮助他们争取课题项目。

智慧箴言：培养教师，就需要给他们提供平台，让他们去经受磨炼，去经历风雨的洗礼。

谢耀丰在培养教师这一点上很了不起。作为一校之长，谢耀丰给教师们准备的不是单一的物质奖励，还有充满挑战的平台。很多校长担心：年轻的教师会不会翅膀硬了就飞走？会不会导致教会了徒弟师傅靠边站呢？谢耀丰没想那么多，他只是一心想培育出一批优秀教师，帮助自己为学校的发展用心、出力。当然，人生会面临大大小小的挑战，作为校长的谢耀丰将会迎来什么挑战呢？

第五章

把握好四个“第一”

在管理一所学校或经营一个团队的时候，管理者常常会因为没有把握好四个“第一”而使管理出现危机，会因为没有把握好“第一效应”而让苦心经营的事业发展受阻甚至付诸东流。那么，作为学校的管理者应该怎样做才能把握好四个“第一”，应该怎样利用“第一效应”使学校管理事半功倍呢？在这方面，在几所学校担任过校长的谢耀丰就是一个高手。那么，谢耀丰在把握好四个“第一”上，究竟有哪些让人叹服的管理智慧呢？

新人入职场，进好第一个门，见好第一次面，讲好第一次话，办好第一件事往往都非常重要。有些人由于没有把握好这四个“第一”而让人失望，从而失去树立威信的好时机。作为管理者，如果没有对“第一效应”的正确认识，往往会使管理陷入困境。谢耀丰担任校长一职后，一开始就紧紧把握住这四个“第一”，无论是在与领导班子成员磨合期间，还是在面对学校危机的时候。在把握四个“第一”上，谢耀丰自有一套办法，这也让他能够一次又一次战胜困难。那么，谢耀丰在把握好四个“第一”的时候又有哪些智慧可供我们借鉴呢?

“引水方知开源不易”，成大业者，必先有开头之事，但往往万事开头难。一个有智慧的人，只有把开头挺过去了，才会有坚定的信念，以及更多的信心和坚持下去的勇气，后面遇到的问题将不再是问题。同样的道理，一个人在开始时就不敢迈开双脚，做事畏头畏尾，首先就会败给自己。在被上级委派到D中学担任校长后，谢耀丰任职不久就遇到了家长公然对抗的大问题。

这一年对谢耀丰来说最具挑战性。这年的9月，谢耀丰迎来了人生新的起点。开学后的前两个月，他整整“掉了10斤肉”。如何把学生从过重的课业负担中解放出来，让学生有更多的时间思考、实践、创造?减负!这是谢耀丰决定要做的第一件大事。

谢耀丰作为物理教师，常常看到学生每天拼命地学习，感到很心疼。他常常在想，如果不能让孩子轻松愉快地学习、成长，这教师当得也不合格。他决定给学生切实进行减负。

一个学期后，减负效果明显。但是学生高兴，家长不高兴了。原来，许多家长认为减负是学校在偷懒。谢耀丰于是组织大家宣传减负的意义，但是“知音少，弦断有谁听”。有的家长说：“说啥也不能让孩子上你们这种学校了！一个星期只上5天课，双休日还没有作业，管得那么松，孩子咋能学得好?”谢耀丰解释说：“我们按科学方法安排课程，向课堂45分钟要质量，5天已经足够保证孩子们学好了。再说，只学习，不玩耍，怎么能保证孩子大脑充满活力呢?”家长很不理解：“我就不相信时间少了能学好，你看人家私立学校，两个星期才让回家一回，初中一年级就有早晚自习了。”

在为学生减负的过程中，谢耀丰遇到了许多意想不到的困难，比如作业。很多家长纷纷找他：“学生没有作业学什么?”“不做作业，行吗?”

当时，谢耀丰想到过放弃。但是，教育是需要按规律办事的，谢耀丰觉得不能屈服于压力。谢耀丰取消了那些机械性的、重复性的、惩罚性的作业，而是要求教师认真备课，解读好教材，精心选题，同时要求学生当堂完成。谢耀丰认为，成人每天正常的工作时间为八小时，学生每天正常的学习时间也应是八九个小时左右。如果学习内容过多、学习时间过长，看似为了强化学生的学习，其实会造成学生在学习中“营养过剩”“消化欠佳”。谢耀丰希望能够通过减负来保证学生学得轻松，学有所获。他的想法是——

第一，强化德育，培养学生的创新意识。学校要利用时间、空间及环境抓好学生的素质培养，培养学生的勇气、信心和创新精神。

第二，加快课程改革，提高教师的创新能力。给学生更多的动手、动脑的机会和时间，并缩减有关课程的课时，对学生能力培养很有好处。在提高学生的能力的同时，教师的能力也必须得到加强。

第三，要营造活动基地，为学生构建创新环境。学校如果发现学生的活动开展得较少，就应该进一步鼓励学生走入社会，调查研究，去接触一些实际问题，得到更广泛的锻炼机会。

第四，通过“校长一封信”、家长会、学校开放日等传统形式向家长传达学校减负的理念和目的，帮助家长认识到减负的意义以及家庭在减负工作中需承担的重要职责。

智慧箴言：一个人如果能成功，那他肯定是经受过很多挑战，所有的成功都要植根于自己的强大之上。

心理学研究发现，人一旦在生活中遭遇心里不舒服的情况，便容易直接导致情绪失控，容易表现出过激行为，或出现一蹶不振的情况。容易出现心理问题的人，一般会有如下三种典型的心理。

第一种是“被拒敏感型”。这种人其实不会拒绝别人，也不能自如地提出要求，又有着怕被别人拒绝的心理，这在心理学上称为“被拒敏感”。这种人表面上看起来人际关系很好，总是热心助人，口碑好，别人喜欢找他“麻烦”，可内心的苦水只有自己吞，这也是典型的“死要面子活受罪”。其心理本质就是自己受不了被人拒绝，也认为别人受不了拒绝而不敢拒绝别人。

第二种是“自尊型”。这种人非常看重自己的脸面，典型的“人活一张脸，树活一张皮”。这种人做任何事情都要先顾忌面子，以期不让别人在背后戳脊梁骨，时时刻刻都要顾忌自己的行为带来的评价，非常在意他人对自己的看法，而这本质上是人的自尊需要。

第三种是“依赖型”。这种人往往都有依赖性或依赖情结，只是依赖的对象、性质和程度不同而已。如果你对某人某物有过度依赖的习惯，那么就意味着你有失去他/它的焦虑。在一个人的意识成长中，往往在精神上需要他人的肯定和认可，如果没有获得足够认可，那么在心里便会种下被忽视的自卑种子。人从小就很依赖有重要关系的人的夸奖，依赖别人对“我”好的看法，自然而然地不喜欢他人的差评。

幸好，谢耀丰没有以上的心理。一个人不管担任什么职务，在新环境中处理第一件事情时的表现是至关重要的，这直接关系到此人日后的职场影响力，这源于“首因效应”。“首因效应”是由美国心理学家洛钦斯首先提出的，它是指最初接触到的信息所形成的印象，对人们以后的行为活动和评价的影响，实际上指的就是第一印象的影响。每个人都力图给别人留下良好的第一印象。心理学家认为，第一印象主要受性别、年龄、衣着、姿势、面部表情等外部特征的影响。一般情况下，一个人的体态、姿势、谈吐、衣着打扮等都在一定程度上反映着这个人的内在素养和其他的个性特征。为官者总是很注意烧好上任之初的“三把火”，相亲者也关注第一次亮相给对方带来的好感度，这些想法都源自于“首因效应”。所以，一个刚刚任职某个单位的管理者，一定要明白，初来乍到最需要做什么事情，以便稳固地位，领导好一个团队。

虽然刚刚上任就遇到了一件不太顺心的事情，但谢耀丰只用了一个招数就轻松化解——把好第一关。不大动干戈并不代表听之任之。谢耀丰通过这个招数，来保证自己在新岗位做的第一件事情不致变成“镜中花，水中月”，并以此保持校长的风度和维护该有的尊严，我们管这种法则叫生态位法则。生态位法则又称格乌司原理。该原理的内容主要指在生物群落或生态系统中，每一个物种都拥有自己的角色和地位，占据一定的空间，发挥一定的功能。自然生态系统中的物种或种群，首先只有生活在适宜的微环境中才能得以延续。随着有机体的发育，它们能改变生态位。生态位现象对所有生命现象都具有普适性，不仅适用于生物界（包括动物、植物、微生物），也适用于人（包括由人组成的集团、社会、国家）。在陌生的环境中，如果对同事还没有充分的了解，也不知道大家的行事风格、为人处世习惯，最基本、最妥当的相处之道就是采用“生态位法则”。谢耀丰实际上就是用了这个法则来化解难题，赢得了他人对其好的第一印象。

何谓“生态位法则”？有两种草履虫，双小核草履虫和大草履虫。将它们分别放在两个相同浓度的细菌培养基中，几天后发现，这两种生物的种群数量增长都呈S形曲线。之后，再将这两种生物放在同一个环境中培养，并控制食物补给量。草履虫们的命运会有何变化呢？一段时间后，培养基中只有双小核草履虫自由地活着，而大草履虫已消逝得无影无踪。发生了什么事呢？原来在这个环境中，虽然两种生物没有正面的竞争和伤害行为，但它们都吃同一种食物，双小核草履虫在争吃食物时飞速增长，赶走了大草履虫。后来把大草履虫和另一种草履虫放在同一培养基中，因后者不食用大草履虫所需食物，故而两者都存活了下来，并且相处稳定和谐。

这种生态位法则在管理学中的解释就是，在职场的大环境中，具有“工作亲缘关系”的，即在同个环境同个职业中，因为各取所需，各有各长，所以能如“虎在山上行、鱼在水中游、猴在树上跳、鸟在天上飞”般和谐。不同的人到了同一个地方，就会利用所在环境的不同资源生存下去，就像虎吃肉、羊吃草、蛙吃虫一样。然而，当不同的人同样需要某一种权力和名利时，他们竞争的可能就是同一资源。这时竞争者必须要有自知之明，保证相互间在竞争同一资源时也能相互错开。就如狮子是白天出来寻食，老虎是傍晚出来寻食，狼是深夜出来寻食一样——在动物的世界里，没有两个物种的生态位是完全相同的。人在职场中也是如此，有些人的地位不能重叠时，也不能同时使用一种权力。

谢耀丰认为每个人都必须找到适合自己的生态位，明确自己的身份，找准自己的位置。人与人之间虽然身份有冲突，但并不影响他们和谐地发展。像在动物界，凶猛的动物之间为了避免因争夺食物而造成的不必要的伤亡，它们寻找食物的时间都是错开的。职场的竞争也是如此，如果两个人同时去争夺某一样东西，必定会造成两败俱伤，这种两败俱伤的结果在一个单位里面会影响恶劣。

美国商界有句名言："如果你不能战胜对手，就加入到他们中间去。"谢耀丰融合了管理学的多种智慧，总结出一种适合他在教育管理中使用的"生态位法则"。你初来乍到，可能大家还不了解你，抑或是你的"入侵"让大家感觉到自己的利益将受损害。这时你就要看清形势，权衡利弊，找准自己的"生态位"。

谢耀丰很清楚自己的"生态位"：一校之长，在一校之内拥有毋庸置疑的权力和责任。关于减负的改革，让教师们看到了谢耀丰做事情的决心，看到了他尽管满腔热血但不会一意孤行，明白了他是一位懂得权衡利弊、眼光放在学校长远发展上的人。学校师生对他的所作所为心服口服：他不是专权的领导者。

谢耀丰用教育管理中的"生态位法则"巩固了自己的地位，但这还不够。当其他挑战出现时，他又会怎么办呢？

方法一　树立形象，"见好第一次面"

一个领导初来乍到，如果不能处理好第一件事情，就容易让大家怀疑他的能力，质疑他的威信，从而产生抵触情绪。谢耀丰上任不久就遇到减负中的难题，虽然已经化解，但他明白这仅仅是挑战者的小试牛刀之举，真正的挑战还没开始。

要说真正的挑战，应该说是教师聘任事件。大家都知道，教师聘任方案与工资密切相关，不同档次大约有1/5—1/3的差别。但是高薪档的名额少，所以竞争非常激烈。大家都对牵涉到利益的事非常敏感，导致学校气氛非常紧张。而一些不了解谢耀丰的人想趁此机会给他出难题，公开唱反调。对此，谢耀丰采取了三个措施：第一，成立聘任推荐小组。小组成员由党、政、工会等部门中的5位领导和4位教师构成，具体办法是校长、书记、工会主席各1人，从全体行政人员中抽签产生2人，从全体教师中抽签产生4人，组成一支有9人的推荐小组。第二，校长制作教师节贺卡，在9月10日这天亲自送到每位教师的手中。这张贺卡呈对折样子，封面部分是谢耀丰写的行书字样“老师好”，翻页后有一段他对大家的祝福，接着一页是“教师职称聘任方案的说明”，以问答的形式来解答大家心中的疑惑，让人对该方案一目了然。第三，公布监督电话，做到有举报必回复，有疑问必回答。大家看到谢耀丰如此用心，便不再争吵。

谢耀丰将一碗水端平，客观、公正地对待每一位待聘者，大家有目共睹，对聘任的结果更是心服口服。这是谢耀丰在学校重大事务上第一次真正“亮相”，本来是个大难题，但这个难题反而给了谢耀丰更好的表现机会。

谢耀丰没有急于向唱反调者解释自己的行为，而是做好了与大家的日常沟通工作，通过贺卡来表达对同事的祝愿以及对工作的说明，也是在用行动告诉大家：同事的情谊是可以通过工作中的合作来培养的。这让大家对他的为人处世有了很高的评价，都说他“平易近人”“虚怀若谷”“心胸宽”，实在难能可贵。

通过这件事情我们不难看出，要树立良好形象，“见好第一次面”显得尤为重要。谢耀丰在全体教职工面前树立了好形象，让大家对他有所了解，他也建立了威信。当然，见好了第一次面不代表一劳永逸，还要懂交流、会讲话，这正是谢耀丰在管理方面用的第二个方法。

方式二 懂得交流，“讲好第一次话”

推开教师办公室的门，映入眼帘的便是一幅标语：优秀的教师，比教育经费更重要；关爱和教育学生，是我们共同的职责。这标语内容来自谢耀丰的第一次就职演讲，后来有教师就将其挂在办公室供大家自省。说到这里，不得不提一段很有趣的故事。

新学期前，区教育局对新提拔的19位正副校长集中进行任前谈话，并部署新学年的工作。轮到谢耀丰上台的时候，已经到了中午时分，由于会议持续的时间比较长，大家明显地表现出了倦意。看到谢耀丰上台，众人出于礼貌给出了稀稀拉拉的掌声。看到台下一片昏昏欲睡的场景，谢耀丰把原先准备的稿子塞到口袋里，开始即兴发挥：“前面的校长发言后，掌声都很热烈，到我这咋就没热情了呢！从大家的掌声中我可以发现两个问题：第一，大家不认识我，对我很陌生；第二，看来大家还是对我的长相不太满意呀，我都对不起观众了！”话音刚落，大家不禁大笑，掌声一片。于是他接着说：“大家的掌声再次证明了我的观点！”话一说完，大家笑得更厉害了，又是一阵热烈的掌声。

接着，谢耀丰的一番讲话更是深入人心，深受与会者好评，会场也是掌声不断。而他，也是全场唯一一位与大家互动的人。现场气氛热烈，主持人还专门给了大家提问的时间。教育局长当即问谢耀丰，为什么敢在就职讲话中用拿自己开玩笑的方式来开场？教育局长本来是压轴总结的，却提前发出声音了。这就犹如在一堂数学课上，数学老师抛出了一个附加题，鼓励大家用多种方法来解，可发现几乎整个班的学生做下来都是类似的方法，所以当这节课将要结束，反而有一个学生用了不一样的方法时，就很想听听这位学生的想法。让学生说出自己的见解，这是鼓励学生的一种技巧。

谢耀丰向教育局长解释说，校长是一个管理者，也应是演讲家，只要在台上，就要不同一般。教育局长很欣赏他的直率，对谢耀丰的印象很深刻。

其实，谢耀丰这个开场白既活跃了场上气氛，又缩短了他与大家的距离，可谓一箭双雕。当然，也有不同的声音，认为这是一种哗众取宠的方式，不值一提。事实是，在谢耀丰之前的校长的讲话基本都是平淡无奇的，清一色的自我介绍和工作设想的套路。谢耀丰明白，会议长达4个小时，各位所说大同小异，对大家没有什么吸引力，接下来大家都懒于细听了。倘若开场白能说人所未说，用别人意想不到的方式来引出话题，何愁不能精彩出场呢？

教育局长那时正在物色一个校长，想在一所学校进行“小班化教育”试点。他对谢耀丰的这一问，便是试探究竟。以他教育局长的身份找一个校长进行“小班化教育”试点并非难事，为什么此时要这么迫不及待地试探谢耀丰呢？只有一个理由，谢耀丰有他人不可及之处。谢耀丰在这次任职中露脸的方法叫作“懂得交流，能讲好第一次话”，他使用“自我解嘲”的方式来开场，得到了意想不到的效果，这一点不得不让人佩服。

所谓自我解嘲，就是用言语或行动不失幽默地为自己掩饰或辩解被人嘲笑的事。扬雄在《解嘲》中说：“哀帝时，丁傅董贤用事，诸附离之者，起家至二千石。时雄方草创《太玄》，有以自守，泊如也。人有嘲雄以玄之尚白，雄解之，号曰《解嘲》。”在与他人的交流中用幽默的语言或行动来打破谈话的僵局，或巧妙应付突然出现的尴尬场面，是一种难得的大智慧。下面说说自我解嘲所包含的管理智慧。

在日常生活中，自嘲是一种调节心理的天平，它能让人在交流中达到一种恬然超脱的境界。当置身于某个环境，面对一些不可控的局面时，唯有将自己的主体精神提高、以自己的智性洞察、面对现实，才能让自己轻视外部压力。这不仅仅是一种自我保护的方式，也是一种避免生活处境尴尬的自救方式。心理学家认为：“一个人的身体状态是受其心理和精神状态影响的，大约有一半以上的疾病都是由心理和精神方面引起的。”所以，任何一个在现实生活中并不那么如意的人，都应该善于对自己进行自我解嘲，这也是一种智慧。

在《庄子·秋水》中有一个“庄子钓于濮水”的故事。楚王派两个大夫去请庄子到楚国做官，庄子正在濮水（今山东与河南交界处，已因黄河改道湮没。）钓鱼。听了楚国使者的话，庄子仍握着钓竿，头也不回。后来，庄子为表达自己拒绝到楚国做官的态度之坚决，讲了一个神龟的寓言，明确表示自己不想做一只死神龟被人供奉，而宁可做一只活龟拖着尾巴在泥路上爬行。庄子把自己比做活龟，也是一种自我解嘲的意识。这看起来像自我贬损，但是在这表面自我贬损之下，其实隐藏着自嘲者在现实中虽受困但仍然坚持自我的超脱精神，庄子正是通过这样的表达方式透露了他追求自由人格的生活态度。

自我解嘲的心理基础是“不患寡而患不均”的心理认知。就如同人在遇到悲痛之事时，有一个人对他（她）说“我比你更惨”，人的心理便会间接得到平衡，也就不那么悲伤了；如果去看更悲伤的电影，短暂的“更”悲伤，也有利于心情的疏导和发泄。那些拥有智慧的人，都善于在必要的交际场合用自我解嘲的方式来缓和所在环境的气氛。比如有一次，童话大王郑渊洁接受《南方人物周刊》的访谈，记者问他：“为什么选择写童话?”他说：“我是懦夫，不敢像刘胡兰那样为改变世界献身，就通过写童话逃避现实。”记者再问他：“为什么创办《童话大王》月刊?”他回答道：“我心胸特别狭窄，已经狭窄到不能容忍和别的作家在同一报刊上同床共枕。”当记者称赞他一个人用20年的时间来写《童话大王》月刊的时候，他淡然一笑：“这是懒惰的表现。写一本月刊写了20年都不思易帜，懒得不可救药。”郑渊洁在面对记者提问时，并没有按照常规方式进行回答，而是来了一番自我解嘲，说自己是“懦夫”“心胸特别狭窄”“懒得不可救药”。然而从这番自嘲中，透露出郑渊洁自己全身心投入童话事业的决心，以及面对荣誉及成绩时的淡泊和谦虚，让人的敬意油然而生。这就是自我解嘲的魅力。

当然，也有人不懂得体味自我解嘲的魅力，导致双方沟通不畅。如一对夫妻，在家庭生活中无论妻子做得如何好，丈夫都喜欢称妻子为“蠢女人”。妻子是一个很好强的人，在家里从没跟丈夫提自己的想法。直到有一次妻子和丈夫出席一个舞会，众多女士中只有他的妻子跳得最好，大家都夸他的妻子，丈夫突然冒出一句：“这是我家的蠢女人，随便跳跳，不咋样!”结果妻子被惹得很不高兴，离席而去。这位男士的这番话已不是自嘲了。自我解嘲要根据所在环境而定，断不能率性而为，否则会适得其反。

谢耀丰的自我解嘲包含了对自我的审视和与人沟通时的别出心裁，他想借助这个方式来表达一种亲和力，无意中获得了教育局长的赞赏，这对他以后的工作开展有了很大的帮助。在第一次讲话中要注重把握以下三个关键点。

第一个是要真诚。在交流中只有用真诚去取信于人，使双方间产生起码的信任，才能拉近彼此之间的心理距离，进而使双方达到思想或情感上的共鸣。

第二个是要放低姿态。在交流的过程中要赢得别人的理解与尊敬，不要让身份拉大彼此间的距离。

第三个是要灵活多样。无论采用什么样的方式进行交流，都要因地制宜，因事而异，而不要拘泥于某种固定的模式，把自己封锁在交际的牢笼里。

讲好第一次话，既能在上司眼中留下好印象，也能在下属心中建立威信。但是，领导如果光讲话，不做事，也成不了气候。“管理者的指挥力要通过做好自己的事情来产生”，因此，要进行有效管理，不仅要靠“嘴巴功夫”，还要通过“手掌功夫”，竭力将事情做好——特别是做好“第一件事”。那么，谢耀丰是如何办好这第一件事的呢?

方式三　尽心竭力，“办好第一件事”

谢耀丰认为，管理者不仅要讲好话，还要做好事，特别是做好“第一件事”。他在D中学当校长的时候，除了遇到同事不配合的事情，还遇到了特别棘手的德育工作。德育工作是他到D中学要办好的另一件大事，怎么办？

谢耀丰采用了两个方法，第一个叫作“角色定位，冷静待命”。

谢耀丰新任校长时，主管德育的副校长退休，一时没有人接他的工作。原副校长是一位经验丰富的领导，同时也是谢耀丰的老师，两人原本的师生情谊就很深。原副校长知道谢耀丰要来这所中学担任校长，欣慰之余又很担心。他决定与谢耀丰进行一番长谈，专门谈学校的德育问题。

究竟是什么样的事情让一个老副校长如此牵肠挂肚？原副校长说：“学校未来的发展，就靠你了！这一路，老师看着你一路成长，一路进步，很欣慰。这所学校的德育工作，我做了10年，实在难啊！我现在又帮不了你，担心你忙不过来。”对于这所中学的底细，谢耀丰并不是不清楚，而原副校长是学校的资深教师，在这所学校待了20多年，对学校的一草一木、一人一物都非常清楚。所以，他苦口婆心的一番话不免让谢耀丰心里有些许担心。老副校长希望谢耀丰在分管德育的副校长到位之前，多让一些政教处主任去管学校德育工作。为了让老人家放心，谢耀丰就先答应了。但他对于权力的秩序还是很敏感的，认为每种权力都不能越位。所以，为了大局着想，谢耀丰在负责校长工作之余，还兼职副校长的工作，挑起了学校德育工作的大任。

很多人对“空降校长”谢耀丰的做法不以为然，认为谢耀丰自不量力。其实，谢耀丰的这种做法体现了管理学中的“自我激励理论”。在受命于人的情况下，明明知道自己的担子不轻还敢勇挑重担，积极应对，这就是勇于担当的精神。不管德育工作如何艰难，他都希望自己尽心尽力做好。若谢耀丰对自己缺乏信心或者缺乏实干精神，只会混日子，那他会很难受，因为这不是他的作风。他懂得认识自己，激励自己去将想法付诸行动。他也明白，对充满困难的工作保持乐观的心态，调动自己的主观性和创造性，让自己处于一种良好的工作状态中，对己对人对要面对的事，都具有积极的意义。我们按照社会角色规范来行事，这既符合社会要求，又能满足自己的需要。事实证明，愈是自觉地按照社会规范来行事，就愈会得到社会的肯定。如果个人认识不到这一客观规律，缺乏按社会角色规范行事的自觉性，为了满足个人的私欲而为所欲为，就必然要受到社会的惩罚。

这里有些特别有趣的现象。每一个演员在舞台上演出的时候，都要服从导演的要求，比如要按时出场，思想集中，听从安排，台风要正等。此外，他们的演出必须符合扮演的角色的特点，要根据对这一角色的特殊要求去唱、去做，争取表演得尽善尽美。只有将环境与个人两方面紧密结合，才能演好自己的角色。普通人也一样，只有在社会的大舞台上找到适合自己的定位，才能演好社会角色。若你已经为人父母，在家里已经扮演起了父母的角色，你就应当懂得社会对家长这一角色的特殊要求，为社会为家庭教育好子女。同样的道理，假如你已为人师表，你自然而然在各方面都应当体现出为人师表的风范。如此等等，你可以在任何环境中根据自己的角色定位去思考、去行动，以使自己的角色行为符合角色规范的特殊要求。

谢耀丰刚刚上任，他不仅要负责分内的工作，还要承担起分管德育工作的任务，其实就是一个使用“答布效应”进行工作的典范。他用自己的行为来告诫我们用角色规范来“导演”自己的行为，另外在特殊情况下也可承担别的角色。谢耀丰在“空降”D中学后，势必要要表现出良好的角色行为，并且要提高角色的扮演水平。他没有忘记，所有教师职工都是他的“观众”，他们就站在自己身边观摩着自己的一举一动。中国古代历史上刘备、李世民、曾子、邹忌这些人对自己都有明确的定位，都能够根据社会环境安身立命。同样的道理，谢耀丰想借管理德育的事情让大家认识自己的为人、理解自己的意图、知晓自己的要求。一个人如果明确了自己的角色定位，即使遇到再多的困难，也能勇于克服，离成功也就不会远了。

有一天晚上放学，一位女生被发现在洗澡间拿了别人的洗发水。女生是留守儿童，整整4年没有见过父母，和几乎不能自理的奶奶生活在一起。

长期得不到父母的关爱，使这位女生很叛逆，经常逃学。4年来，她的爸爸每个学期汇200元钱给她，这就是所有的生活费用。谢耀丰理解这样的孩子，做了很多工作，才让孩子慢慢改了一些坏习惯。

谢耀丰了解到这名女生拿人家洗发水的原因，是她头发里爬满了虱子，但没钱买洗发水洗头，就顺手“拿”了别人的用。谢耀丰跟相关教师说这件事情的时候，希望大家更多地关心学生的实际情况，而不要就事论事，给孩子贴上“小偷”的标签。他说：“我小时候受到过很多歧视，但更多的是得到他人的无私帮助，这才摆脱了自卑，走到现在。我知道在每一次困境中，如果有人帮助你是多么重要。如果我们不管这些孩子，谁管呢？老师的职责不仅是教好书，还要育好人。”

从他的解释中我们就可以看出，谢耀丰让人动容的一个地方就是坚持了一个原则：理解。在谢耀丰那里，理解就是一种行事原则。《诗经》有云：“投我以桃，报之以李。”理解是双向的，你理解了学生，学生也会理解你。这也遵循了孟子的“敬人者，人恒敬之”的处世观念。教育管理者应懂得理解教师、理解学生，应懂得通过消除差异来彰显其管理智慧。在一些常人无法忍受或嗤之以鼻的事情上，能够体现出个人智慧，这就是有人格魅力和工作能力的领导。谢耀丰在这方面无疑有着值得我们学习的地方。

智慧箴言：“投我以桃，报之以李。”理解是双向的，你理解了学生，学生也会理解你。

谢耀丰不光懂得理解别人，对别人还很宽容，常常以德报怨。从管理学的角度来分析，他对待冒犯者的宽恕是一种发自内心的同情、仁慈和关爱，也是一种亲社会行为。在生活中，每天都需要与不一样的人接触，难免会出现一些磕磕碰碰的事情，有人可能会使你丢面子，有人可能会让你下不了台，也有人可能当众给你难堪甚至给你打击。若想维持好彼此的关系，就必须有人做出一定的让步，而这种让步将有助于你与他人建立或恢复良好的关系。此时的宽宏大量是给他人一次自我救赎，会促使别人反躬自省。相反，如果每个人对对方都是“针尖对麦芒”，都要以牙还牙、针锋相对，这样不但解决不了问题，反而会把事情搞得更加严重，导致两败俱伤的结局。在这一点上，我们要学习谢耀丰的明智做法。

人的一生就是在与人打交道，经历世事方能让人成长。在此过程中，一些琐事易导致人们情绪急躁。这时候，就要看人的包容度有多大了。一个人的包容度有多大，成就便有多大。但是如果非要在名利场中争夺不休，对人家的不足死咬住不放，该放下时放不下，自然会因为空不出自己的心而变得小气自私。那么，我们要怎样做才能让自己懂得去宽容别人，学会去包容人家呢？在这一点上，谢耀丰真可以称得上是高手了。接手德育工作的“烂摊子”后，学生屡出状况让谢耀丰应接不暇，但他还是能够处理好这些事情，并且能做得接近完美。谢耀丰究竟是凭借什么样的智慧做到这一点的呢？

说到这儿，就不得不讲一下我们做事的四大“营养素”了。谢耀丰正是靠着这四大“营养素”来不断改善自己做事的“营养不良”，才能把上任后的第一件事情做得很好。

营养专家经常说，“雨露滋润禾苗长，万物生长靠营养”。人体每天必须补充多种营养素，没有营养，人又怎么能生存呢？缺乏营养，人怎么会不生病呢？正是因为有时大家不重视营养的摄入，才会导致各种各样的疾病产生。做事也如此，做事所需要的四大“营养素”同样是事情成败的关键。做事的四大“营养素”，即“动机强，欲成事”“有底气，能做事”“策略高，会做事”“亲社会，能共事”。

“动机强，欲成事”。动机在行动中的地位犹如蛋白质在人体中的地位一样，做事如果缺少了动机，就好像身体缺少了可以调节生理活动和抵抗传染病的主要物质。我们说，一个人做事的动力无非来自于内部和外部的动机。人饿了、冷了、累了的时候，会想通过吃饭、保暖、休息的行为来让自己的状态达到平衡，这里面就有内驱力驱动和引发人的定向活动的作用，这是做事有动力的体现。人做事，也是要有动力才会有激情，才能够积极应对各种事情。

“有底气，能做事”。底气之于行动，就像脂肪之于身体。你可能对脂肪避之不及，怎么还会补呢？脂肪看起来没用，可它是人体重要的热量来源，具有保温的作用，还能够滋润皮肤。一个想做事的人，需要有做事的底气来支撑，底气决定着一个人的魄力和办事风格。底气不足，做事容易畏畏缩缩、优柔寡断，很难成功；底气充足，做事能体现出个人的能力和魅力，让人放心。一个做事有底气的人，如果不是已经成功了，那么就是在成功的路上。

“策略高，会做事”。策略在行动中的作用，就像是碳水化合物在人体中的作用一样。碳水化合物也就是糖类化合物，它是人体热能的主要来源。有些减肥方法就是通过切断这种人体需要的物质来达到减肥效果的，但是如此一来身体受到的伤害也是极多的。长期碳水化合物摄取不足，人会出现消瘦、心慌和乏力的症状，会引起低血糖休克和酸中毒，还会影响肝脏的解毒功能。有人会觉得没有策略一样可以做事，非也。没有策略，至少你做事情成功的概率就不会大。没有策略，在与人的角逐中，你就极有可能被甩在后头。

“亲社会，能共事”。不管在什么地方工作，不管从事什么工作，与他人展开直接或间接的合作是必不可少的，与人合作是保证工作顺利进行的重要因素，就好比维生素是人身体所必需的，是不能少的维持生命的有机化合物。而这维持生命的维生素有20多种，并且缺一不可。我们要把一件事情做好，就要懂得一个道理：在社会上善于与人交际，善于团结身边的人，在工作中就能发挥集体协作的力量，完美地完成某项工作。没有合作，就难以做好需要合作来完成的事情。一个有亲和力的人，是任何一个人都不愿拒绝的。个人只有融入集体中才能体现其价值，而所谓成功也只有融合于大局才是真正完美的。

我们认为，当一个人有了这四种“营养素”之后，别说做一件事情，就是做很多事情也都能游刃有余。但是有时候，徒有“营养素”也不行，还要有一颗美丽的心。

我们的心其实就如同一个容器，当积极、正能量的东西越来越多的时候，消极、负能量的“垃圾”就会被挤出去。我们不需要一味地、刻意地去倒掉某些心灵“垃圾”，只要不断用正能量来充满内心，负能量自然就没有容身之处了。那么，究竟该怎样避免负能量的入侵呢？我们建议大家记住下面四句话。

第一句话是“过量饭不吃，过头话不说”。无论我们与什么样的人接触，都万不可把事情做绝，要时时记得，给人家留后路，就是给自己留下一条后路。就像一桶水，哪怕你故意也好，失误也罢，若一旦把它泼出去，就覆水难收了。在待人处事时，在很多情况下，切记不能使尽全力承诺别人、拒绝别人、批评别人，凡事都要留下余地。有一个将要出嫁的女孩儿问她的妈妈婚后怎么样才能够抓紧丈夫的心，妈妈让女儿抓起一把沙子，满满的一大把。妈妈跟女儿说，你试着握紧。女儿试着握，结果是握得越紧，从手指缝里漏出的沙子就越多，最后留在手心里的沙子只剩下一点儿了。仔细想一想，很多事情都是一个道理：做过头会适得其反。是不是这样呢？

智慧箴言：在很多情况下，切记不能使尽全力承诺别人、拒绝别人、批评别人，凡事都要留下余地。

第二句话是“近朱者赤，近墨者黑”。在生活中，谁都想和志同道合的人一起做事，谁都不愿和小人打交道。事实上，前者难求，后者难躲。这就要求我们在不与别人发生正面冲突的情况下坚守正义，不与小人同流合污。生活中难免有竞争，有了竞争，有一些人就会天天琢磨你，想方设法打击你，故意坏你的事，分散你的精力。如此一来，你的理想、事业和一切努力都可能因此付诸东流，所以要远小人。不得不面对时，最好的办法是不招惹，不逢迎，不糊涂。

第三句话是“欲人无闻，莫若勿言；欲人无知，莫若勿为”。这句话的意思是说，一个人想要让人不听见，不如干脆不说；想要让人不知道，不如干脆不做。在人与人的交往中，口耳相传是最快的传播方式。当你直言指陈他人做事不好或者指出他人性格上的弱点时，敏感的人早已将你恨之入骨。每个人的内心都有一块不想被人家看透的地方，你非要把人家这一块儿地方指出来，那就必然会树敌。所以，很多事情能不讲则不多说，点到即止。亏心之事不做，无根据之言不说，因为有时候自以为天知、地知、你知、我知，其实只要一说、一做，就可能成为公开的秘密，路人皆知。“附耳之语，流闻千里”，讲的就是这个道理。

第四句话是“大凡做一件事，就要当一件事，若是苟且粗疏，定不成一件事”。这句话主要是讲，一个人只要开始去做一件事情，就要用最认真的态度来把它当成一件大事去做。这个“做”，自然包含了人的全部态度。如果一个人本来做事就漫不经心、粗心大意，那么就可以断定他连一件小事也做不好。看看身边的人就会发现，厉害的人，从来不在情绪上计较太多，只在做事上认真；无能的人，从来不在做事上认真，只在情绪上计较。若要做成一件事，就要重视这一点，重视了这一点，才有可能做成一件事。

智慧箴言：厉害的人，从来不在情绪上计较太多，只在做事上认真；无能的人，从来不在做事上认真，只在情绪上计较。

谢耀丰开始兼管德育工作时，不时遇到家长的责骂和吵闹。他能够理解家长的心情，不仅不计较，还请他们提建议，共同商议如何做好学生的教育工作。谢耀丰有别人没有的胸襟，还能够在不被大家看好的情况下把德育工作一步步做好，这就是他的魄力。

谢耀丰本着“两心”的办事宗旨，除了以上所讲的“对学生尽心”，还有一个就是“对工作用心”。谢耀丰对家长提出要求是“有则改之，无则加勉”。有的家长非常难缠，为一件小事几度上门找谢耀丰。谢耀丰不厌其烦，在跟他们沟通的时候既坦率反映学生情况，又跟他们讨论如何做好学生工作。在难搞的家长面前，谢耀丰有三个方法征服他们。

第一，给学生家长以良好的评价。如果从学生那里了解到他的家长是好面子的人，谢耀丰在他们面前就不摆高姿态，以此赢得他们的敬服，使其坦诚提出意见。

第二，对学生的情况非常关心。这样一来，连学生家长都为谢耀丰“绝不放弃”的工作态度所感动。师长如此，父母哪能放弃孩子？

第三，以诚相待，用诚意搭起家长与学校之间沟通、合作的桥梁。谢耀丰是性情中人，他在学生家长面前从不做作，非常真实。因为谢耀丰总是与家长推心置腹，故而获得了家长们的一致好评。

所以，“用心”是一个可以促进彼此合作的有效策略。教育管理者在学生、家长、职工等面前学会欣赏人家的长处，发现人家身上的闪光点。

本着尽心尽力的办事宗旨，谢耀丰终于在入职以来的德育工作中做出了成绩，学校的德育工作也慢慢步入正轨。除此之外，他还制定了系统的制度来保障这项工作的正常开展。上面讲了谢耀丰的第三个把握“第一”的方式，那么他的第四个把握方式，又有哪些地方值得我们学习呢？

方法四　注重细节，“进好第一个门”

有一次，一场罕见的台风猛烈袭来。学校教学楼已有一些年份，12 级的台风正面扑来，把许多门窗都吹飞了。台风一过，校园里一片狼藉。谢耀丰一面安慰受到惊吓的学生，一面组织大家收拾一片混乱的校园，同时向上级汇报学校受损的情况。

另外，值得一提的是，谢耀丰在之前的工作中就注意到了家长们对学校工作有些不满，他本来就打算开展“百师进百户”的家访活动，现在决定趁机实施。全校有 110 多名教师，谢耀丰要求大家利用下班时间，两三人一组挨家挨户对学生进行家访，要求特别是对深受台风影响的家庭的吃、住、穿多一份关心，给他们力所能及的帮助。

谢耀丰每次家访都会提前告知学生家长，并且特别关注贫困学生的反应。有些学生的家比较偏僻，离学校有几十公里远，谢耀丰进行家访要来回转几趟车，花几个小时。在谢耀丰看来，这些都是小事，关键是他明白自己的做法可以让学生家长了解到学校的诚意。我们可以想一想，以谢耀丰的身份，他大可以坐在舒服的办公室内向其他教师了解家访情况，何必如此大费周章亲自上阵呢？他的这种做事方法正是关注了细节。什么叫细节？做事成与不成之间的关键就是细节是否做到位了。具体来说，细节就是细小的事物、环节或情节。有一首古老的英国民谣是这样说的：丢失了一个钉子，坏了一只蹄铁；坏了一只蹄铁，瘸了一匹战马；瘸了一匹战马，伤了一位骑士；伤了一位骑士，输了一场战斗；输了一场战斗，亡了一个帝国。这首英国民谣精辟地从反方面指出了，我们要成就一番大事业，要有所作为，要获得硕大的胜利果实，就要从细节做起。

其实在生活中，很多人不明白细节的重要性。这里有个例子：学校要求学生双手接受教师给的东西，不允许一只手接拿，事实上一般学生都做不到，总是用一只手。问题出在学生身上，矛盾的根源却在老师那里。一方面给东西的教师没对此提出严格要求，另一方面给东西的教师更没有对学生进行言传身教。因为教师给学生递东西时总是用一只手，有时甚至将东西扔过去、摔过去，所以学生自然达不到这个要求。这里就体现了教师重视“言传身教”细节的重要性，正所谓“品德基础的建立不是靠长篇大论的说教，而是因榜样的砖块一天一天地铺砌起来的”。

谢耀丰想跨过家长们设的障碍之门，一开始并不顺利，但最终还是跨过去了，这都基于他对教育管理者要有战略家的眼光、教育家的精神、艺术家的头脑，要不跟“风”，不追“热”，不搞“花架子”，不做“文字游戏”的认识，基于他从细节入手，让每一处设施、每一个细节无不渗透育人的思想的实践，他是真正意识到了“学校无小事，处处是教育”。

电影《泰坦尼克号》里有一个镜头：船将沉没、船尾翘起来的时候，船上所有的碗、杯子、盘子散落满地。当时，拍完这个镜头的时候，导演卡梅隆把盘子拿起来一看，发现这些东西上面都没有商标。而实际上，人们把真实的“泰坦尼克号”从海底打捞起来后，发现船上的碗、盘子、杯子都是有商标的。卡梅隆发现这个问题后，决定重新拍摄这个镜头。影片投资人说：“你疯了？一万多套杯盘重新做，那得要多少钱啊?”卡梅隆说：“那就扣我的薪水吧，我即使不领薪水，也要把它们重新做一遍。”于是，他们重新做了带商标的碗、盘子和杯子，重新拍了一遍这个镜头。正是这种追求完美和真实的精神以及每个细节都要做到位的态度，使得《泰坦尼克号》成为经典电影。

关心细节就是用心，用心就可以获得回报。D中学在这次台风中损失非常大，谢耀丰已向上级申请过修建教学楼的经费，但过了很久还不见批复。正焦急时，有一个学生家长联合了部分家长给学校捐资50万元。这个家长曾经是学校里最难管的学生，在谢耀丰担任校长后，以耐心、爱心，细心的教育态度，以高明的教育方法转化了这个学生。学生家长对于学校的教育，是充满感激的，也借此机会用这种捐资的方式回报学校。谢耀丰不曾想过学校能得到这样的馈赠！其实这是家长们给谢耀丰细心的工作——无微不至地关心和照顾他们的孩子——的回报。一个能够成功的人，都是对细节非常注重的人；而一个失败者，往往缺乏对细节的关注，总是把工作当成负担，敷衍应付，马虎了事。只有你关注了细节，人家才会因细节而关注你。谢耀丰把握好学校与家长的关系，一步步地迈进家长的“心田”，给对方留下了亲切友好的印象，这无疑使他拥有了深厚的群众基础。

“良好的开始是成功的一半。”把握好这四个“第一”，就等于成功了一半。把握好了四个“第一”，谢耀丰利用“第一效应”在D中学站稳了脚跟。但是，接下来他将面临的是更为复杂的人际关系。那么，谢耀丰又是如何处理与上司、同级、下属、学生的关系的呢？这里面又发生了什么样的精彩故事？

第六章

处理好四种“不与”

人是社会“网”中的“点”，彼此之间存在着千丝万缕的关系。每个人都有多种角色，都要与不同的人相处。当陷于复杂的人际关系网中时，似乎所有的事都开始变得步履维艰，谢耀丰也遇到过这样的情况。

在进行教学改革、绩效改革、岗位聘任后，谢耀丰忽然发现自己面临着巨大的人际关系危机，人生从顺境一下就转入了逆境。这到底是怎么回事？他又是怎么做的呢？从他的做法中，我们又能得到什么借鉴呢？

俗话说“尺有所短，寸有所长”。再厉害的人也有缺点，也会遇到自己不懂的问题；再笨拙的人也有优点，也会有值得我们学习的地方。懂得了这一点，就能懂得谦虚，懂得谦让，就容易与别人相处，但是很多人做不到这一点。比如有些人取得了一些荣誉，得意扬扬、骄傲自负，就难免受到别人的排斥；有些人与人谈话蛮横固执，以自我为中心，就难免受到别人的指责。海明威说：“每个人都不是一座孤岛。”身在这个世界上，每个人都要面临处理各种关系的考验：人与人的关系、人与集体的关系、人与社会的关系。我们下面要讲的，是谢耀丰遇到的人际关系考验。

谢耀丰推行教学改革、绩效改革、职务聘任之后，迎来了事业的高峰期。但有一句话叫作“人无千日好，花无百日红”，意思是人生并不是一帆风顺的，人总会遭受大大小小的挫折与磨难。人生到达最高点时往往最容易出问题，谢耀丰也没能躲过。在迎到事业高峰期时，谢耀丰也迎来了一次巨大的人际危机。

在学校课程改革刚刚起步的那年，很多教师对课改很不理解，甚至明确反对，对课改工作也常常是敷衍应对。对一心推行课改的谢耀丰来说，这些人的反对是最让他头疼的事，而且一时难以化解。

为了解决这一大难题，谢耀丰无时无刻不在冥思苦想，终于找到了症结所在：原来是有几个老教师在“使绊子”。他们表面对课改无所谓，暗中却唱反调。谢耀丰看着这几位老教师，心中不免有点伤感。十年前大家入职时，一定是信誓旦旦要做一名优秀教师的，那是何等的英雄气概啊！是啊，岁月总是不经意间在我们身边悄悄地溜走。月会缺，人会变，所有的事物都在时间长河中，或前进，或落伍；或清醒，或糊涂。变好或变坏，关键在于自己。

智慧箴言：岁月总是不经意间在我们身边悄悄地溜走。月会缺，人会变，所有的事物都在时间长河中，或前进，或落伍；或清醒，或糊涂。变好或变坏，关键在于自己。

为什么曾经拥有雄心壮志的教师现在却故步自封呢？肯定有原因。这几位教师任职时间已经很长，这次在课改上与青年教师持不同意见，成了双方冲突的导火线。他们之间的关系也经历了一个从合作到不信任的过程，从起初的合作伙伴变成了现在的陌生人。

“二人同心，其利断金”，意思是合作才能实现共赢。老教师经验丰富，青年教师起初一直把他们当师长一样看待，遇事请教，和他们合作得很愉快。

不过，时间久了事情就发生了变化。有些人喜欢在这些老教师面前说一些不利于团结的话：论才，你们不亚于青年教师；论经验，你们比他们有优势，但是风头都让他们出了。王安石说：“是非只为多开口，烦恼皆因强出头。”如果老是有人在你耳边说某个人不好，尽管你一开始只是会有些怀疑，但时间长了，受到太多消极信息影响，最终也还是会落入是非的陷阱。这些老教师就是如此。这些不良信息听得太多了，老教师就开始对青年教师有看法，与他们对着干的想法越来越强烈，并逐渐付诸行动。

本来他们的合作关系很好，经验丰富的帮带经验不足的，可为什么会出现双方关系闹僵的情况呢？我们来做个比喻分析一下。猫是世界上嫉妒心最强的动物，一旦家中还养着其他动物和植物，那这些动物和植物可能就要遭殃了。猫会把家中的鸟作为攻击的对象，把花草弄得七零八落，就连金鱼有时也难逃猫爪。然而猫并不是想吃它们，只是从心底想让它们消失。值得注意的是，如果你本来有一只猫然后再养一只猫，也许将爆发“双猫大战”。这两只猫之间会为了争夺领地和主人的爱而相互争斗，甚至互咬。“一家不能藏二猫”，这也许就是妒忌在作祟。

动物如此，人亦如此。人总是有破坏别人优越地位的极端心理倾向，我们把这个现象叫作“猴王心理”。“猴王心理”是指每个人在心理层面上，都渴望被别人认可，把自己当作最重要的人、最有能力的人、最强的人。生物学家发现，雌性出于让后代更容易生存的考虑，更愿意和异性中的最强者交配，让后代拥有最强者的基因。而公的海狮、牛以及狮子、老虎、猴子等哺乳动物在发情期则会表现出极其好斗、易发怒和想战胜同类、成为最强者以获得与异性交配权的特征。对雄性动物而言，它的竞争者往往会有很多。如果想要跟自己心仪的异性交配，它就必须要一一打败自己的竞争者，证明自己的强者身份，这样才能够取得与异性交配的权利，让自己的强者基因以与异性结合的形式保存下去。

人的心理往往也是这样的：当与自己处于同一水平线的竞争者在自己面前表现得十分卓越，而自己打心眼里认为此人比自己优秀，比自己更能赢得他人的拥护与敬佩时，心底会不自觉地反馈给自己一个信息：别人才是最强的，而自己不是。但是人一旦发现别人不如自己，反而比自己更“风光”，就会心生不平，恐惧、不安、烦躁等负面情绪接踵而来，于是他们便会采取一定措施给以报复，以取得心理平衡。

这几位老教师一开始也都怀着热情似火的教育心走在一起，你帮我，我帮你。但是慢慢地，“青出于蓝而胜于蓝”，青年教师有了自己的见地，有了自己的理念，有了自己的做法，老教师就开始对他们看不顺眼了。

这就是一个人“猴王心理”的体现，是在与别人比较的过程中发现自己在才能、名誉或地位等方面不如他人而产生的一种负面情绪。这种心理对人体的危害是很大的。在现实生活中，这种心理是不可避免的，我们应该如何处理呢？

最要紧的是懂得摆正心态。一个人在“猴王心理”膨胀时，要懂得“天外有天，人外有人”，或“强中自有强中手，一山更比一山高”这些客观道理，多回想一下自己最成功时的场景，学会看到自己的长处，这样就会使失衡的心理天平恢复正常，化嫉妒为继续前行的动力。

智慧箴言：学会看到自己的长处，这样就会使失衡的心理天平恢复正常，化嫉妒为继续前行的动力。

前辈如果不从自身找问题，而只是把后辈视为事业的障碍，那么就容易产生心理不平衡，其结果就是消极对待一些工作。他们使用的方法很简单，也很直接，叫作“懈怠计”。

其实，这个“懈怠计”有点玄妙。课改是学校的重大行动，如果成功了，就证明谢耀丰领导有方，能正面反映谢耀丰的才干；倘若失败了，上级只会怪罪谢耀丰，认为其能力不足。而后者对刚刚上任不久的谢耀丰来说是致命的。每一名教师都有责任做好课改工作，说不干就不干了，于舆论方面，对自己，也不利，于是这些老教师认为当众拒绝校长的课改决定，明显是一项不明智的举措。一方面，他们与课改倡导者的关系暂时不能闹僵；另一方面，如果当众拒绝，很容易让上级直接怪罪于自己。怎么做呢？没错，使个“懈怠计”。这个计策的效果还是很显著的。课改启动前一个星期，他们就开始以各种理由推脱课改任务，目的是使重担落在那几位青年教师的身上。

我们对老教师与青年教师之前的合作有一个简单的概括：合作之初，双方和和气气、有商有量，遇到困难总是互相帮助。多年之后，部分青年教师被评上骨干教师，老教师进步不大。渐渐地，他们双方的关系开始变得微妙。我们可以猜测，前辈们是对后辈们产生了妒忌心理。

这些老教师不支持课改，谢耀丰的应对策略很简单：谦让。

谢耀丰这个人，身上有三个主要优点：

第一个优点是宽容。无论是面对多难忍的人或事，谢耀丰都能在有底线的前提下一忍再忍，不想把小事变大。

第二个优点是谦虚。不骄不躁是谢耀丰的特点，认识他的人都知道他是一个谦逊的人，从不炫耀，也不夸口，做事虚心。

第三个优点是谨慎。谢耀丰知道不应该做的不能做，不应该说的就不说，以免为自己招来麻烦之事。

这三个优点中最突出的就是“谦让”。谦让是我们中国人历代相传的美德，不让自己傲慢，不与他人争执，这也是我们推崇的处世智慧。不管自己遭到如何刁难，也最好保持谦让的心态，如此一来，很多问题都会消失于无形。

那些老教师见谢耀丰处处忍让，很是得意，于是变本加厉，自己想做什么就做什么。其实，谢耀丰心里是很明白，只是一直在等一个机会，在等一个合适的可以改变他们的机会。机会来了。教育局督导小组前来检查工作，大家以为谢耀丰会借机严厉批评不支持课改的老教师，结果却出人意料。谢耀丰在会议上并没有直截了当地批评他们，只是软中有硬指出了他们存在的问题。谢耀丰心里明白“保持和谐才有利于学校发展”的道理，也懂得“围三厥一”的策略。

会后，谢耀丰逐个找到这些老教师，心平气和地动之以情，晓之以理。大家见谢耀丰有如此气度，便对自己的行为心生愧意，再也不愿徒生是非，反而积极参加到了课改中来。就这样，谢耀丰成功地化解了一大人际危机。

当我们的人生从高潮跌落低谷时，不要气馁，不要妥协，要懂得用自己的实际行动一步步化解，这样我们才会有机会再次攀上人生的高峰。谢耀丰在经历了绩效工资改革的成功之后遇到了巨大的人际关系危机，没有选择消沉，他用自己的“谦让”使人际关系转向了好的发展方向。在复杂的人际关系中，如何与人相处？谢耀丰使用了四个策略，在很短时间内赢得了众人的认可。

策略一　不与他人争功

在工作上，因个人能力突出招致周围人嫉妒这样的事情，古往今来时有发生。我们发现，抑制嫉妒心理的滋长都有一个前提，就是“看得开”。招致妒忌，常是因为自身的强大。动物们会嫉妒孔雀、老虎，但是绝对不会妒忌老鼠、小虫，因为后者太小，太不起眼。所以有人妒忌时，自己要看得开。

让自己“看得开”，有三个方法。一是不去进行无实际意义的比较。比较自己与别人谁拥有更多的事物，会让自己变得很沮丧，因为这世上总有人比你拥有得更多、更好，你不可能“赢”。二是培养乐观积极的心态，时常保持洒脱的心态，不要被太多的绳索套住。当别人得到你想要的东西时不必妒忌，要相信总有一天你也会得到你想要的。三是实事求是地承认自身嫉妒心理的存在。产生这种心理是正常的，我们要坦然地接受它，未必是坏事。最重要的，其实是嫉妒将带给你什么。比如你的朋友一夜之间暴富，你开始嫉妒他，但这无助于解决你依然贫困的问题，解决问题的关键在于你抓紧行动，去做自己应该做的事情。

智慧箴言：不去进行无实际意义的比较，培养乐观积极的心态，实事求是地承认自身嫉妒心理的存在。

嫉妒别人的心理可以克服，那么遇到遭人嫉妒的情况时，又应该怎样做呢？谢耀丰在这方面处理得很好。他没有选择以牙还牙，以眼还眼，反而选择了忍让：你把我看成敌人，我就告诉你，我不是你的敌人，我是你的朋友，是你的合作伙伴，所以不会和你计较。

这种忍让策略不但使原本质疑谢耀丰的人放下了警惕之心，而且让大家对他产生了钦佩之意。

忍让只是谢耀丰众多为人之道中的一种，他还有更厉害的“武器”，那就是肯吃亏。人与人相处最需要的莫过于肯吃亏。换句话说，大家不一定喜欢聪明人，但一定喜欢肯吃亏的人。谢耀丰肯吃亏，这基于他有更大的志向和抱负。

谢耀丰担任校长一年后，课改便如火如荼地开始实行。学校秉承“为学生终身发展、终身幸福奠基”的办学理念，坚持“四环自主开放式”的教学模式，取得了显著成果，一时引起教育界的强烈关注，学校的社会声誉也越来越好。

所谓“好事不断，喜事连连”。一旦打好了基础，幸运之神就会眷顾你。课改成功的事迹很快传到了市教育局，市教育局决定在谢耀丰的中学召开一个课改经验交流会，要求谢耀丰在大会上做重要发言。也就是说，谢耀丰将有机会在全市同人面前展示自己。如果表现得好又遇上伯乐，谢耀丰的前途可就无可限量了。

为了组织好这个会议，谢耀丰和大家商量应该怎样做，认为其中最重要的是选主题发言人。当所有人都认为谢耀丰应抓住这个机会，并为此感到高兴时，谢耀丰却语出惊人：“最佳人选不是我。”他的意思是说，这次经验交流会的主题发言不由他来，他心目中有一个更适合的人选。

谢耀丰怎么会把这么难得的机会让给别人呢？大多数人在很多情况下都容不得自己吃亏，认为自己获得的成绩理应由自己领功，似乎在他们的字典中，“谦让”这个词很容易与“愚笨”挂钩。

说到这里，我们要告诉大家一句话：吃亏是一种境界，是一种睿智的处世态度。真正聪明的人，一般都懂得“吃亏是福”这个道理。他们绝不会计较眼前的小利益，而是会看到“吃亏”背后的大利益。在日常生活中，总会遇到需要我们做出舍弃与牺牲的时候，如果我们能毅然放弃某些眼前利益，不一味地争功劳，该让时就让，敢于吃亏，将有助于我们塑造良好的形象，赢得更多人的信任以及支持。

智慧箴言：吃亏是一种境界，是一种睿智的处世态度。真正聪明的人，一般都懂得“吃亏是福”这个道理。

市课改经验交流会如期举行，各区各县的很多骨干教师都出席了。谢耀丰代表学校对各位来宾表示热烈欢迎。市教育局充分肯定了谢耀丰他们敢于创新、勇于探索的精神，表扬了他们课改取得的实效，鼓励他们继续深化课改，以取得更大成绩。交流会持续了两个多小时，最后成功地落下了帷幕。

这次交流会如此成功，至少说明两点：一是谢耀丰筹备得好，他有良好的群众基础，大家都理解他、支持他，把交流会的前期工作做得很到位。二是谢耀丰挂帅的课改是成功的，否则市教育局不可能把全市的课改经验交流会放在他们这样的乡村学校来开。

为了这次交流会，谢耀丰做了几件事情。

第一，安抚人心。向那些对课改抱怨声大的教师传递信息：我们的课改已经获得上级的认可，大家不要再怀疑了，要大干特干下去。

第二，鼓舞士气。鼓舞全体教职工抖擞精神，每个人尽好自己的职责，负责好自己所要承担的工作，以饱满的热情去迎接这次交流会。

第三，吃亏是福。把最能表现自我的机会让给别人，并且经常在书房忙到深夜，为发言者查找资料。不少人开玩笑地说，只要是校长用过的灯都容易坏。

谢耀丰不仅大方地把课改功劳归于别人，而且认真为其准备好发言材料，处处为他人考虑。上级领导对谢耀丰的做法是欣赏的，于是发话："谢校长，课改搞得很好，区教育局一定会支持你们今后的工作。"谢耀丰很满意这种结果：一方面，有了教育局的强大支持，课改将再没有人为障碍；另一方面，得到上级领导的赞赏，证明课改获得了官方肯定，大家对课改也会更有信心。一天之间，谢耀丰成了大家羡慕的对象。

在面临"让与不让"的两难选择题时，谢耀丰没有犹豫，他冷静地做出判断，然后巧妙地解决了这个难题。为了保持目前这样的良好局面，使自己变得更加优秀，谢耀丰还采取了进一步的措施。那么，他采取的措施是什么呢？从他的做法中，我们能得到什么启发呢？

策略二　不与同级争宠

谢耀丰的第二个策略是"不与同事争宠"。不要以为什么事都需要去争，如果对每一件事情都抱有"争"的心态，就会活得很累，即使争赢了，其实也输了。跟亲人争，争赢了，亲情没了；跟爱人争，争赢了，感情淡了；跟朋友争，争赢了，情义没了。所以说有时看似争赢了，但输掉的是情，最后伤的还是自己。人活着，没必要凡事都争，必要时需做出恰当的让步。

命运都是公平的，它眷顾了你，也一定会给别人机会。谢耀丰等到了机会，受到了上级的称赞，而命运之神同时也给了他的同级——兄弟学校校长一次争取功劳的机会。

上级教育部门打算物色一个学校与谢耀丰的学校一起举办“同课异构”教研活动。让双方通过一段时间的集中培训，然后教师进行“赛课”，以相互学习，取长补短。谢耀丰通过课改锻炼了一批教师，这些教师气势正盛。相比之下，合作学校也是人才济济，市级以上教学比赛获奖教师就有十多个，但对于这样的活动，却没有参与过。谢耀丰询问对方校长如何举办这次“同课异构”教研活动，那位校长由于没有搞过类似活动，有些焦虑，拿不定主意。谢耀丰考虑到对方的经验尚且不足，便提了一个建议，大概意思是：你们不用担心，我们先做，你们跟上。如果我们做得好，你们就按照我们的思路跟上；如果我们错了，你们就在我们的基础上加以改进和完善。

一开始，双方开展的教研活动的效果都很一般，合作学校见状不免心生抱怨，觉得谢耀丰他们是故意带他们“误入歧途”，以便在最后的“赛课”中占据优势。“诸受枉者，抱怨积久，独不蒙天地无私之德，而长壅蔽于邪人之铨。”有的人错了，不反思自己，反而心中怀有不满，责怪别人。心理学家对一些面临各种刺激（包括长时间的抱怨）的人进行大脑活动分析发现，大脑的工作方式就像肌肉的工作方式一样，如果让它听到了太多负面信息，很可能会导致当事者也按照消极的方式行事。更糟糕的是，长时间处在抱怨的环境中还会使人变得愚蠢和麻木。所以说人如果错过了太阳就不要流泪，否则还要错过星星。谢耀丰也懂得这个道理，就对对方说，给他们几条改进建议：

第一，建立相关的课改制度，以确保课改顺利进行。一套完整的、科学的课改制度，是促进新课程有效实施的重要保证。

第二，加大经费投入，加强对教师的专业培训。课改对教师的专业水平要求更高了，应该组织教师外出学习，吸取校外优秀教师的经验。如此一来，学校就能走在课改前沿。

我们现在看来，谢耀丰给对方提的这几条建议在竞争层面上是很吃亏的，但实际上这做法对于促进双方的合作是非常有效而且非常可行的。

天下没有不透风的墙，谢耀丰这个做法不知何时传到了很多同事的耳中，辛辛苦苦总结的经验变成对方取得比赛胜利的垫脚石，大家甚是焦急，心中不免有些不甘。谢耀丰告诉大家：我们的经验对别人有借鉴意义是很值得高兴的事，不应为此耿耿于怀。

黑暗的日子终于过去，黎明已经到来。这次“同课异构”教研活动举办得非常成功，这是继“课改交流会”后学校第二次举办获得很大反响的活动。虽然在“赛课”中，学校以较小的差距败北，但教师真正得到了成长，对方学校的校长也成了谢耀丰的好友，两校将开展多种形式的合作活动。后来，上级教育部门召开表彰大会，极力赞扬了对方校长一番，但最后教育局长在表扬完那位校长后，又赞赏地拍了拍谢耀丰的肩头，说：“你是能干的，我果然没看错你！”谢耀丰谦虚地说：“在这次活动中，从如何策划、如何组织再到如何实施，对方学校功不可没，确实很值得表扬。”

谢耀丰从人生的高峰到低谷，曾面临着巨大的人际关系危机，但他都没有垂头丧气，反而迅速调整自己的心态，靠自己的行动改变了这一困局。当谢耀丰重新回到自己的生活轨道中，重新掌握了管理主动权时，他下一步要采取的策略是什么呢？从他的做法中，我们又能够获得什么样的经验教训呢？

策略三 不与下属争功

在谢耀丰的管理生涯中有一件让他引以为豪的事，这件事的出现为谢耀丰赢得了很好的口碑，使他在管理上减少了阻力。事情是这样的：市教育局评比“课改风云人物”，区教育局决定推荐谢耀丰。按照常规思维，谢耀丰是校长，又是本次课改的领导者，虽然到这所中学任职的时间还不长，但出色的成绩已经让人刮目相看，区教育局推荐是他合情合理的。让人不理解的是，谢耀丰反而向区教育局极力推荐自己的一位同事。谢耀丰的这位同事属于年轻一代，分管教学，在这次课改中表现出色。

这里要说一点，中国古往今来能使上司让功给下属，都要具备三个条件：第一个条件叫"天时有利"，第二个条件叫"本人有德"，第三个条件叫"他人有功"。"天时"讲的是能让事业成功的整个大环境，"本人"讲的是让功者自身的修养与德行，"他人"讲的是受功者的能力与贡献。

第一，从"天时有利"上看，我们常说做事若要成功就需要"天时地利人和"，由此可看出"天时"是很重要的。"天时"指的是整个大局。如果没有所需要的大环境或环境与人所需相差太远，那么自己做事情时即便用尽全力也可能是徒劳无功的。试想，若没有国家课程改革的政策，又怎么有谢耀丰和教师们一起获得课改成功的机会呢？

第二，从"本人有德"上看，一个人如果自私自利，遇到什么事都斤斤计较，整天抱着包揽所有荣誉的想法，他会把功劳让给别人吗？品性决定行动，自私自利的人绝不会放弃自己的一丝利益。相反，与人为善、心胸宽广的人则会做出"让功"这种吃亏的事。很明显，谢耀丰就是这种人，是一个为人大度，有魄力的人。

第三，从"他人有功"上看，没有谁愿意把自己的功劳心甘情愿地让给一个碌碌无为的人。所以说，首先要做出成绩才有可能获得意想不到的结果，最起码你获益的基础是这次的工作中有你的一份功劳。

谢耀丰并不是意气用事的人，不会随便把功劳让给别人。在把功劳让给这位同事之前，他做了充分的准备工作：对这位同事进行全方位的观察，考验他为人、为师、为事是否足够优秀。

动态观察就是对所要了解的事物进行动态的、持续一段时间的观察。作为管理者拥有敏锐的观察力是很重要的，这一点谢耀丰比谁都清楚。

“听其言而观其行”，这是一种最直观、最快捷、最有效的识别人才的方法。谢耀丰把本学期以安全教育为主的一次大型活动交给这位同事全权负责。在这个活动过程中，谢耀丰留意到他很积极、很努力，事情也做得很出色。

起初，谢耀丰发现这位同事很是紧张，就试探着给他发了一个短信，问这次活动较大型，需不需要找个人帮心减轻一下负担。他回信说自己能处理。谢耀丰一边关心他，一边考验他，究竟考验出了什么呢？

第一，吃苦耐劳，工作兢兢业业。

第二，为人正直，个性稳重、敦厚。

第三，工作踏实且有责任心。

第四，对学校的工作非常用心、专注。

第五，有恒心、有毅力，做事持之以恒，有始有终。

也正是这些优点使谢耀丰从心底认可了这个年轻人，于是在关键时刻，谢耀丰毫不犹豫选择了“让功”给他，助力他的发展进步，为这个优秀年轻人以后的发展奠定了基础。

谢耀丰“让功”之后，上级领导对他提携后进的表现也很赞赏，谢耀丰在学校的地位越来越巩固。

谢耀丰从一名普通教师，一步一步走到了学校最高管理者的位置上，靠的是什么？是一份谦让的气度。在中国的历史长河中有许多关于谦让的例子，比如，一代名医扁鹊正是因为具备了谦虚的精神，在名扬天下时仍能看到自己的弱点以及他人的优点，才能不断提高自己的医术，最终名垂青史；春秋名臣范宣子正是以谦让之德带动了晋国的谦让风尚，从而延长了晋国称霸的时间。学会谦让是很重要的，管理上尤为需要这种品德。

谢耀丰懂得把自己可得的荣誉让给同事，不与他们争功劳，足以显示出他的大度。对同事是这样，那么对学生呢？我们一起看看谢耀丰有什么好方法，一起来学习一下。

策略四　不与学生争对错

这里我们要讲讲校长与学生的关系。也许很多人理所当然地觉得校长与学生之间没有多大的联系，因为在管理上两者似乎并不在同一平行线上。其实，校长与学生之间存在着莫大的联系。

中学生是一个比较特别的群体，主要有以下特点。

第一，身心发展不平衡。中学生正处于青春成长的关键时期，身心发展的不平衡容易造成他们情绪不稳定，爱感情用事，考虑问题不周全等问题，进而导致他们的行为出现偏差。

第二，求知欲望旺盛。处于成长期的中学生会对周围的事物抱有好奇心，崇尚新事物，喜欢通过网络等渠道了解外面的情况。

第三，渴望得到尊重。随着年龄的增大，中学生的自尊心会越来越强，最怕别人看不起。为了得到别人的承认和重视，中学生往往喜欢以特别的方式表现自己，比如，在手机游戏方面成为高手。

第四，青春期的叛逆。处在青春期的中学生容易产生叛逆心理，叛逆心理会让他们为了维护自尊而对别人的要求采取相反的态度。

我们在前几章中提到，谢耀丰是一个深受学生欢迎和爱戴的校长。如果校长没有深入接触学生，没有帮助他们、教他们做人的道理，那么学生肯定不会认可他。

这还得从“手机事件”说起。随着生活条件的改善，携带手机上学的学生越来越多。有的学生很好地利用了手机，但有的学生自控力差，手机成了影响其学习的因素之一，学校于是决定禁止学生带手机上学。但是根据观察，这种禁令几乎成了空口号：学生将手机调到静音状态，悄悄地玩游戏、看视频或小说。

谢耀丰认为有必要加大管理力度，随即安排了轮流检查，规定值日教师一抓到学生玩手机就没收其手机并对其通报批评。一天晚上，谢耀丰听见一阵喧哗声，便打算寻声一探究竟。当看到眼前的情景时，谢耀丰不禁吓了一跳：整个班级像一锅烧开了的水，学生三五成群，有的聊天，有的看视频，有的玩游戏。

谢耀丰看到眼前的场景，咳了几声。学生一看是校长，不禁惊慌失措，纷纷回到自己的位置上。谢耀丰径直走到一个玩手机的学生身旁并示意他交出手机，怎料学生镇定地说：没有手机。谢耀丰不相信，但奇怪的是确实找不到手机，这惹得学生哄堂大笑。

谢耀丰有一点尴尬，刚开始有点不知所措。过了一会儿，谢耀丰认真地说："同学们，你们这样玩手机，对学习影响很大。手机应该成为我们学习、生活的工具，而不是成为阻碍我们学习的东西。不分时间、不分场合玩手机，分散了我们的学习精力，浪费了我们的宝贵时间，希望大家能够自觉地遵守规定，加强自我监督。"

在中国古代，我们看到很多强者示弱的典型案例。项羽邀请刘邦参加鸿门宴，刘邦听从张良的计谋处处向项羽示弱，表明自己没有夺取天下的野心，为表诚意还拱手让出了关中。这样一来，自大的项羽便消除了戒心，认为刘邦没有胆量和野心和自己争夺天下，于是不顾范增之言慷慨地放走了刘邦。刘邦逃过一劫，全是示弱的功劳。

向学生示弱的谢耀丰默默回到办公室，不再与藏手机的学生计较。不料，几位玩手机的学生主动来到谢耀丰的办公室，低下头向谢耀丰道歉，并把手机轻轻地交到了谢耀丰手上。"知错能改，善莫大焉"，犯了错误能改正，就是最好的事情。谢耀丰摸了摸学生的头，让学生写下保证书保证以后不再在课堂上玩手机，然后让他们回去了。有的教师认为谢耀丰处理这件事情欠妥，如果这次不杀鸡儆猴，学生肯定还会再犯此类错误。但是谢耀丰认为，情感感化教育就是对学生最深刻的教育。如果学生因此明白了事理，就达到了教育的目的。学校是育人的地方，只要能达到教育目的，何必拘泥于形式？

智慧箴言：情感感化教育就是对学生最深刻的教育。

谢耀丰在处理这件事上的原则是：向学生示弱，以示弱来催学生反省。如果学生坚持说没有手机，而你坚持说他有手机，结果肯定是没有“结果”。而且，与学生争辩是一种极不成熟、极不明智的举动。首先，你是一位校长，像小孩子一样与学生争对错，像话吗？其次，与学生争吵有损校长宽宏大量的形象。

关于示弱，我们跟大家分享一下心得。也许每个人都想做生活的强者，都想要在激烈的社会竞争中占据优势，然而我们常常忽略这样一个基本事实：越强势的人越容易成为公敌，而且成功之前会受到更多阻碍。所以，有时候不妨换换思路，试着做一个弱者，这样反而能够走得更顺畅。“弱”是一种最容易被人忽视的状态，也因此往往会成为最具杀伤力的一种状态，恰如先哲所说：“最容易忽视的往往会是最致命的。”所以，懂得示弱的人，往往是最有效率和最具竞争力的人。

智慧箴言：懂得示弱的人，往往是最有效率和最具竞争力的人。

谢耀丰很明白这个道理，所以在他的管理生涯中出现了“四个不与”。那么，接下来他将迎接怎样的挑战，又是如何应对的呢？

第七章

修炼智慧的途径

古人云："且夫水之积也不厚，则其负大舟也无力。"管理者若只满足于陈旧的"文凭知识"，只会死搬硬套人家的管理经验，那么就不太可能获得行之有效的管理智慧。能寻得修炼智慧途径的人，在获得智慧上可以事半功倍；否则费尽周折，也会一无所获。在数十年的教育管理生涯中，谢耀丰一直非常用心地把握好每一个岗位上的锻炼机会，并从中寻得了提炼管理智慧的途径。那么，谢耀丰在修炼智慧上有哪些途径，我们从中又能获得怎样的启发呢？

有句老话说得好："乱世出英雄。"在古代乱世之中，往往有一些有政治理想的英雄涌现，可以说特殊的环境造就了英雄。就现代社会而言，一个人若能于逆境中成长，于障碍中前行，不断走出困境，也足可称之为"英雄"。谢耀丰在担任校长期间，众人对他在教育管理上的策略相当赞许，这一切皆是谢耀丰在教育管理实践中不断习得智慧的结果。在修炼管理智慧上，谢耀丰用心处理一次次遇到的难题，最终才能运筹帷幄，把问题处理得恰到好处。

《中庸》里有一句话说："待人以诚，感人以德。"意思是说，交往以诚相待，以礼以敬，相处以平以淡，相勉以学以道，皆是交友之道。谢耀丰将这些交友之道应用于与家长的交往中，不仅极巧妙地解决了家长的问题，也使学生的许多问题迎刃而解。

不论多么优秀的校长，都会遇到和家长之间的矛盾，也会遇到难以处理的家校纠纷。在这种情况下，许多校长往往都选择向家长妥协，毕竟学生家长如此多，有时候处理起来非常麻烦。但这绝非谢耀丰的作风。下面我们一起来看看他是如何处理和家长之间的矛盾，如何解决家校纠纷的。

一天放学后，某班的家长微信群里突然炸开了锅。有一位家长在微信群里发了一条信息："学生在学校食物中毒，已有学生被送往医院！我孩子早就说食堂不但环境卫生差，而且饭菜质量差！昨天的饭竟是前天的剩饭，今天的饭又生又硬。"此话一出，很多家长一哄而上："我儿子说饭菜很难吃！""是的，这学期的饭菜实在太差了！孩子没吃上几口，回家就喊胃痛。""我儿子今天回来含泪说如何如何差，我以为是他挑食。"一会儿，容量为 70 人的微信群，聊天记录就达到 500 多条。家长们一边心疼孩子，一边要求学校及时解决这个问题。新来的年轻班主任叫范青青，开学不久要处理的事务比较多，未能及时处理家长们的意见。而家长们心急如焚，要求班主任马上给他们一个说法，还要求学校重新换食堂承包者。家长们大半夜还在帮孩子请假，原因竟是：孩子在学校受到不好的待遇，学校不给说法，就让孩子先在家里休养一段时间。范青青一下子慌了，赶紧将这个情况反映给了谢耀丰。而这一夜，刚刚探望因食物中毒被送往医院的学生的谢耀丰，一回来就想着处理食堂问题的事，辗转反侧，一夜难眠。就在事情发生的前一天，已有很多家长反映食堂卫生存在问题，加上现在范青青反映的食堂饭菜质量问题，谢耀丰决定着手彻查学校食堂。而这时候，范青青偏偏被区教育局派去参加岗位培训，需要离开学校几天。在谢耀丰忙得焦头烂额之际，范青青又不得不请求校长暂时代管班中事情。而谢耀丰竟这是欣然答应了。

也许有人会问："作为一个校长事情本来就多，谢耀丰为何如此轻松答应一个新教师的请求呢?"其实，在别的同事有困难时挺身而出已成为谢耀丰一贯的作风。谢耀丰本来就不喜欢高高在上，他是学校的"掌舵人"，不仅握着学校的方向，还要随时留意各方情况。平时的谢耀丰，不是在去工作的路上，就是在去解决师生问题的路上。谢耀丰从不排斥以这样的方式来了解学校的管理，从不排斥通过这样的途径来获得所需要的信息。学生出现问题，他比谁都着急。

第二天，谢耀丰回到学校，老远就看见有几个人在他的办公室门口，走近一看，原来是几位学生家长。这些家长的孩子都因为食堂问题导致身体不舒服请假了。这不，家长直接上门找谢耀丰，打算讨一个公道，要一个说法。谢耀丰听完家长们的投诉，说了一句话："你们的孩子就是我的孩子，作为校长，解决你们担忧的问题是我义不容辞的责任。"

通过这件事情，我们可以得到两个信息：

第一，谢耀丰在学校事务管理上非常用心，也很有责任感。不管是不是他责任范围内的工作，只要学校需要，他便勇担重任，毫不犹豫。

第二，谢耀丰心胸宽广，既听得了人家的好话，也受得了人家的冷言冷语，懂得在各种各样的事情处理中锻炼与提高自己，让自己背囊里的管理智慧更加丰富。不管是什么麻烦事情，于他而言，也不过是不同的智慧修炼途径罢了。

现代领导理论认为，评判领导力的重要标准，首先就是面对问题时能否主动寻求好的方法或者途径来解决，其次才考虑使用领导的权威来指派他人处理。如果总是高高在上，对单位的大小事情都不管不顾，甚至连自己同事的情况都不了解，那么这样的管理者无论地位多尊贵、权力多大，都是不成功的。

谢耀丰特别重视学校的每件事情，即使并非分内之事。他不怕麻烦，并且很珍惜这些麻烦，这其中有一个关键的品质值得我们学习：心态开放。在中国近代史上名声远播的林则徐曾在自己府衙的门上写了一副对联：海纳百川，有容乃大。这就是告诫自己要广泛听取各种不同意见，从多种途径获得智慧，才能把事情办好。

我们想用心理学知识给大家分析一下，为什么心态开放是修炼智慧的关键品质。

UGS的一位总经理一直很低调，用他的话来说是需要时间来适应新的岗位，熟悉新的团队。在短短两年的时间里，他所负责的企业动静不小：渠道策略全方位调整，某系列中低端产品全面推出，向高校捐赠价值11亿美金的软件等。这些无不彰显着一位经验丰富的职业经理人沉着稳健、雷厉风行的铁腕作风。同时，他是一个有着开放心态和完美追求的人。他认为自己之所以能够很快地理解并适应环境的变化，能够在UGS这样一个业务相对陌生的领域快速地做出正确的判断与决策，完全得益于自己为之效力过的PWC和IBM这两家公司企业文化的长期熏陶。PWC的企业文化极度开放和人文化，非常注重对个人能力的培养和个人潜能的挖掘。而IBM则是一家非常有力量的国际化大公司，企业文化非常严谨，极为强调团队合作。这两种企业文化不仅练就了这位总经理的管理能力和抗压能力，而且彻底改变了他的思维方式，使他面对任何变化、任何环境都能以积极的开放的态度来应对。

做人，心态最重要。要学会正面思维，积极地去想、去看、去行动。而作为一位管理者，还必须具备以下几方面的能力：第一，一定要带好自己的团队，将员工能力培养放在首位，把员工的潜能充分发挥出来，全面提升其业务水平，为员工创造实现自身价值的机会。这样大家才有兴趣、有热情跟随你工作，才能以非常开放的心态来彼此共事，才会营造出良好的工作氛围。第二，一定要坚持正确的东西，绝不轻言放弃，要有“我不下地狱，谁下地狱”的担当意识，要用坚定的意志去影响和激励你的团队。第三，一定要找准位置。作为决策者就意味着要承担更多的责任和压力，别人不愿去想的问题你一定要想，不该自己干的事情，一定要放手让别人去干，要注重细节又不拘泥于细节。

UGS 的经营理念是：从不让客户有失败的经历。要做到这点不仅需要优秀的产品和过硬的服务，更需要团队成员几近偏执的坚持。做人不可以偏执，但做事一定得执着，甚至要有一点偏执：以一种放松的心态向一个很高的目标努力，达到一种完美的境界。

开放的心态为人们打开的可能是一扇扇“前进”的窗户，但有时也难免形成比较、带来冲击、带来失望。这跟心理学中提到的“漏掉的瓦片效应”相似。这种效应讲的是在屋顶铺满瓦片，施工人员漏铺一块，在仰望的时候，有的人会关注到整齐的屋顶，有的人则会专注于漏掉一片瓦的地方。专注于漏掉那片瓦的地方，其实是专注于自身短板的一种隐喻。倘若因为自身存在短板和不足就在行动上裹足不前，结果只会让自己的短板更短。

其实有时候，人并不缺少能够让技术更精湛的机会，缺少的是开放的心态。当有人质疑你时，你能谦虚地寻找原因继续修炼，就能在往后的日子里获得更大的进步；若你资质平庸而又不能发现问题所在，那么你可能就容易刚愎自用。很多时候，我们不是因为没途径获得进步，而是因为心态调整得不到位。

智慧箴言：当有人质疑你时，你能谦虚地寻找原因继续修炼，就能在往后的日子里获得更大的进步；若你能力平庸而又不能发现问题所在，那么你可能就容易刚愎自用。

谢耀丰发现修炼管理的智慧，不仅要靠把握住适当的锻炼机会，自己的心态也要足够开放才行。家长对学校管理不满这一情况的出现，就是考验谢耀丰心态的时候。每一位管理者刚接手新工作的时候，难免要接受各种挑战，这也并非坏事，这样一来，可以找到吸取经验的机会，也可以找到进步的途径。谢耀丰这次遇到家长因食堂卫生而投诉的问题，立即就着手组织后勤处进行调查。

经过调查，他们发现这两天学校食堂的饭菜的确与之前不同。原来，食堂主管人员担心每餐一菜一肉的供应量少，学生会吃不饱，于是便在午餐中加入了一道炒河粉。这道菜每个班都有一大盆，吃不饱的同学都可以再盛炒河粉吃。这样一来，学校的午餐既有米饭，也有面食，供学生自行选择。新的午餐种类一经推出，就出现了有些学生吃好几碗炒河粉而不吃米饭的情况。炒河粉本来就油腻，如果肠胃不好又吃得太多，肠胃肯定就招架不住了。了解完情况后，谢耀丰当即给学生家长发了短信解释，并代表学校向身体不适的学生表示歉意；同时，谢耀丰跟食堂沟通，及时更换供餐方案，以此来解决造成学生肠胃不适的根本问题。在跟家长沟通的过程中，家长心急如焚，难免有些过激言行，谢耀丰理解他们，并以宽容的态度耐心解释，成功处理好了这次危机。

看到这里，也许大家想问：一个每天要面对各种事情的校长，怎么能够平心静气地处理好每一件事情？这种开放的心态靠做好分内工作能练就吗？答案是否定的。开放的心态，也要从生活中慢慢磨炼出来，必须在生活实践中慢慢体悟。家长们与谢耀丰接触过后，发现他是一个包容心比较强的人，就经常邀请他参加班上组织的亲子活动。其中有一个班，谢耀丰在接触这个班之前，就听闻这个班是“大王班”——学生家长大部分是企业高管、成功人士，平时顾不上管孩子，就在内疚中把孩子当“大王”来伺候。谢耀丰正想借此机会了解这个班的情况，以与家长们共同教育孩子。家长们把谢耀丰当成教育顾问，对他颇为尊敬，有什么想法也愿意直接跟他沟通。一个人只有在心态开放的前提下，才能最大限度地发挥自己的潜力。谢耀丰大胆组建“家长朋友圈”，这种开放心态就是在挑战一线问题中养成的。“挑战一线问题”就是问题在一线解决，能力在一线成长，智慧在一线修炼。此法可供我们借鉴，想拥有解决问题的高超技巧，基本都需要这个方法。

智慧箴言：一个人只有在心态开放的前提下，才能最大限度地发挥自己的潜力。

在现实生活中，有些人认为自己的人生是一帆风顺的，而有些人却认为自己是命途坎坷的，其实这是用一种定势视角来看待生活。一旦形成某种对生活或命运的评价，人们便会以此来评定日后的生活。因此，积极的开放心态很重要，它与中华民族优秀的传统美德——谦虚相对应，有益于个人修养的提高和个人事业的发展，应该将其发扬光大。个人一旦缺失开放的心态，在遇到问题的时候就容易故步自封，将自己堵在死胡同里。但是，无论遇到什么事情，都保持一种开放的心态并不是一件容易的事情。那么，我们该如何做呢？

以一个跟我们生活相关的现象为例子吧。现在许多企业招进员工后，希望员工更符合企业发展的需要，会对他们进行岗位培训。在培训的过程中，有的人学到了东西，有的人则抱怨没学到东西。其实，这主要在于个人的心态。如果没有开放的心态，不想学，培训再多也没多大作用。参加培训的人大多心态不一，要么为了上岗；要么为了提高待遇；要么迫于无奈。所以，有些人别说是开放的心态，就连最起码的学习心态都没有，自然就一无所获。苏格拉底的“我只知我一无所有”就非常符合“开放心态”的要求。开放的心态，犹如在攀登者的心目中永远有想挑战下一座山峰的想法。每一个人都要应对时代发展和社会环境的变化，学着去接受和接纳这些变化，而这就要求我们具有开放的心态。唯有这样，才能学到更多知识，修炼出属于自己的智慧。

在职场上，但凡能经得起风雨的人，都是有真才实学的人、有开放心态的人。如果一个人在某个行业里做了很多年，认为这个行业里的行家就是自己，没有自己不懂的东西，那就错了。在信息时代，科技迅猛发展，知识飞速更新，一个人如果不虚心学习，即使原来有一定的知识和能力，也将很快被这个时代淘汰！

正是因为具有开放的心态，谢耀丰面对复杂的事务时才多了一份淡定。谢耀丰把每一次挑战都当作修炼自我、获得智慧的机会，那么，他还有哪些提高自我的途径值得我们借鉴呢？

途径一 闲话他人不“闲话”

谈到讲话的艺术，就要提到谢耀丰在生活中与朋友交往的故事了。私下里，谢耀丰跟一些朋友交情颇深，这里我们就谈一谈跟谢耀丰平日里经常往来的两个的朋友。

第一个朋友是一家餐饮管理有限公司的总经理。这位总经理是个虔诚的佛教徒，也是一个心地善良的人。他有一个女儿，视之为掌上明珠。他女儿读书的时候，因在学校吃了不干净的食物而住院，还曾几度休克，他连续几天不敢合眼，尽心照顾女儿。爱女心切，他还专门请了一个月的假，对女儿呵护备至。之后，他的孩子不再在学校食堂吃饭了。正是这件事情，让这位总经理改变了企业经营理念，从一个原本以营利为目的的商人，蜕变成为一个几近“慈善家”的角色。他对某些商家非法牟利、生产不安全食品的行为非常痛恨，决定做“良心饮食”，为大家提供美味健康的佳肴——这为他的企业赢得了好声誉。他也养成了一个“怪癖”：不随便与人家做生意，也不随便赚人家的钱。这下反而有更多人慕名而来想跟他合作，但大多被他拒之门外。他所答应合作的项目，都是合作者认同他的做事原则且合作项目确实有意义的。

有一次，总经理为女儿举办生日派对，谢耀丰应邀参加。为了让女儿开心，他请来的客人一半以上是女儿在校的小伙伴，食物都是根据孩子的口味喜好提供的，以自助的形式让大家选择，孩子们都乐坏了。总经理讲起孩子的事情就滔滔不绝，谢耀丰本来不善聊天，见他如此兴致勃勃，便也与他聊了起来。这次见面，总经理和谢耀丰等几个朋友整整谈了一个多小时，而且就围绕一个话题：饮食于孩子健康的重要性。看似一番闲聊，却使谢耀丰做了一件对学生非常有益的事情：他通过闲谈，让这位总经理决定低利承包自己学校的食堂。谢耀丰回忆起在派对上的聊天内容，印象最深刻的就是对总经理说的一句话："教育无非是让孩子快乐学习，长大后过上美好生活，为社会的发展贡献应有力量。如果现在能让孩子在学校吃上高质量的饭菜，为孩子成长打下良好的身体基础，那真是功在未来的事情。"也正是这番话，促使总经理做出了上述决定。

事实上，这是意外收获，谢耀丰事前也没有预料到会达成这样的合作。谢耀丰与人交往的原则是：宁愿被人家麻烦，也不愿麻烦人家。这一次，总经理乐意帮助学校，并非因为谢耀丰是校长，他看重的，是谢耀丰的理念与自己的理念相通。"闲话"不闲，闲话中做成好事，在于"闲话"者有着善良的心，有着共同的语言，惺惺相惜，同气相求。

从社会心理学角度来分析，这种在与他人"闲话"中产生共鸣的现象体现了人们的"心理图式"。认知心理学家认为人类具有总结过去经历的能力，能够建立起一定的知识结构，并将其储存在记忆中，在以后交际中遇到类似的语言情景，人们会自动地运用这种知识结构来解读或理解当前的情景。由于人总倾向于把自我作为世界的核心，所以往往也会从自我出发，设计自己的"信息采集雷达"，以快速接纳那些与自我感觉相符的部分，而剔除那些与自我感觉不符的部分。这并不是说明我们应该专门讲一些别人喜欢的话，也不提倡大家做这种事情，我们要强调的是，说"闲话"的时候要学会照顾和理解他人的心情与喜好，不能以为闲话就可以肆无忌惮地乱说，让聊天一"闲"到底。如果能让"闲话"发挥出"不闲"的效果，那才是一种修炼智慧的成功途径呢！

职场上的"闲话"是需要艺术的，用别人喜欢的方式来对待别人，这是正确的。如果对方喜欢直截了当的交往方式，那么就用直截了当的方式与对方交往。要是对方喜欢用更个性化的闲聊方式来交往，那么就花多点时间跟他们聊天。“闲话”，按词典的解释就是讲一些无关紧要的话、题外话或者是背后议论他人是非的话、不满意的话。闲话有别于正式的讲话、谈话，它没有明确的谈话主题，特点在于“闲”，而“闲”的技巧又在于随性、自然、开放。事实证明，语言是一种很重要的沟通工具，既有温暖人心的力量，也有让人感到万分痛苦的魔力。利用好它，你将有意想不到的收获。

与谢耀丰经常交往的第二个朋友，有出了名的好口才，是小有名气的广播主持人。有一次，这位朋友在饭店吃饭时，发现一盘菜里面有一只蟑螂，心情极为不爽，于是责问服务员，然而对方对此全然不理。后来他亲自去找饭店老板理论：“这盘菜是给苍蝇的还是给我的，请解释。”老板意识到错误，教训了服务员，赶忙重新换了一盘菜，说：“这都是我们的错，下次再也不会出现这种情况了，这顿饭算我请客。”但在他吃完饭走出饭店后，却被一群人打了一顿。他明知道是那个服务员背后指使，也无计可施。

谢耀丰在朋友谈起这件事情时，语重心长地说：“在人际交往中，‘闲话’应慎重，莫为了一些鸡毛蒜皮的小事就不自觉地伤害了他人，吃亏的时候换种方式解决也无不可。”俗话说：“病从口入，祸从口出。”得体的玩笑可以松弛神经，活跃气氛；相反，如果口不择言，就可能造成不可预料的后果。

作为管理者，自己的一言一行对下属都有很大的影响，所以平时需要注意言行，不随便对下属敷衍搪塞，以防干群间、同事间心生芥蒂，引发难以预知的争端。生活中常常有很多人为自己的一句闲话，付出了相当大的代价，这些都足以令人警醒。

关于闲话的艺术，这里有三句话，供大家学习。第一句，叫作“无事莫把闲话聊，是非往往闲话生”。意在告诫人们对闲话不可等闲视之。闲话往往会在最意想不到的时候，造成不堪设想的后果。它不仅是破坏团结的离心剂，也是惹是生非的导火线。第二句，叫作“谁人背后无人说”。

谁都有可能会听到一些闲言碎语，这是常有的事，听者面对闲话要学会坦然，不要让自己轻易为此劳心费神。如果一听到闲话便认为说闲话者与自己作对，进而竭力拦堵，就会让一些想说“良言”的人也闭了口。这样一来，管理者怕是无法做到广开言路了。第三句话，叫作“打开天窗说亮话”。明人不做暗事，有些话要实事求是地说，有些话需要当众说明。同事之间相处更要开诚布公，唯有如此，才能让一些不利于和谐的闲话无市场。作为管理者，要对闲话有辨别能力，不可听风便是雨，对同志随便怀疑猜忌，而要多做调查，凡事弄得一清二楚，闲言碎语便会不攻自破。谢耀丰善于从别人身上吸取教训，并且引以为戒，让自己更加注意讲“闲话”的技巧，在与人的相处中就少了许多不必要的麻烦。

智慧箴言：明人不做暗事，有些话要实事求是地说，有些话需要当众说明。同事之间相处更要开诚布公，唯有如此，才能让一些不利于和谐的闲话无市场。

有些人说，讲闲话的时候哪里顾得上去想该说不该说？很多时候脑子一热，话就说出口了。研究表明，人们最感兴趣的社交媒体内容就是各种闲话，消费这些闲话给人们带来很大的乐趣。闲话内容可能有关当红明星，也可能涉及身边的同事，越是有关亲密朋友间的闲话，对听者越是有诱惑力。有心理学家指出，讲闲话的爱好不但有利于个人的身心健康，而且从某些角度说对社会也有益。所以到底该不该说闲话、如何说闲话还是值得人们思考的，特别是在业余生活中。那么，谢耀丰又是怎样通过业余生活来修炼自己的管理智慧的呢？他有哪些好的经验能供我们参考呢？

途径二　业余生活不“业余”

讲到业余生活，在这里我们要先讲讲谢耀丰贤的内助、妻子董玉。董玉也是一名中学教师，是出了名的工作狂，常常将工作带回家来做。如此繁忙，为何还能成为谢耀丰的贤内助呢?

其实从表面看，董玉非但不算是他的好助手，还常常给他找“麻烦”。一次，董玉主持一项课题研究，需要去一些地方调研。在一次调研中，她认识了一个老太太。老太太年过九旬，两鬓斑白，孩子长年不在身边。一次，老太太患了风寒感冒，董玉做了一个让大家意想不到的举动：带老太太住院。董玉一边进行调研工作，一边照顾老太太，一坚持就是两个星期，后来还把老太太接到离自己家很近的地方，便于日后照顾。通过这件事情，我们可以看出，董玉在为人处世方面有以下三个特点。

第一，善良热心。董玉是在工作过程中遇到老太太的，却像亲人一样照顾她，足见其爱心。

第二，工作热情。在研究过程中调查是非常费心的，有时花了很多时间也一无所获。董玉在完成繁重的教学任务的同时还坚持教研，实属难得。

第三，做事周详。董玉把老太太接到离家最近的地方，既方便自己教学，又方便照顾老太太，两者兼顾。

但是这样一来，董玉就没办法照顾家了。这段时间里，谢耀丰自告奋勇当起“煮夫”。通常情况是主妇董玉回家后看到桌上丰盛的饭菜就会赞道：“太香了!”谢耀丰则催促她：“快洗手，趁热吃饭!”

心理学研究发现，婚姻质量与夫妻相处方式息息相关。夫妻关系融洽、家庭和睦，是产生正面情绪或取得理解与支持、产生和增强幸福感的重要因素，“相濡以沫”说的就是这个道理。

有时候夜很深了，谢耀丰发现书房里的灯还亮着。他知道妻子还在为调研工作挑灯夜战。谢耀丰不忍妻子太辛苦，便常常帮助她整理文献资料。这种工作虽然枯燥，但是谢耀丰从来没有厌烦过。夫妻俩并肩作战，效率就高得多了。在整理资料的过程中，谢耀丰阅读了大量文献，并趁机对自己原来的知识体系进行了完善更新。这对谢耀丰来说是个意外收获，从此他一发不可收拾，并且乐此不疲。可以这么说：通过帮董玉整理文献资料，谢耀丰又发现了一条修炼智慧的有效途径。

社会学研究指出，在职场中每个人都不可避免地会遇到压力。工作压力是由工作或与工作直接有关的因素所造成的，例如工作量过大、变换工作岗位、时间压力、工作责任过大、工作时间不规律、上班路程过远，等等。长期面对这些问题，无疑会让人产生疲乏、焦躁、愤怒等消极的情绪，甚至有些人会将这种负面情绪带回家中，并把它传染给家人，导致亲人间关系紧张，甚至产生矛盾，结果便会让自己工作累、生活也累。

而谢耀丰夫妇互相理解、互相帮助，很好地解决了这些矛盾。尽管董玉给谢耀丰带来了很多“麻烦”，但正是这些“麻烦”帮助谢耀丰提高了自身能力，也让董玉间接地成了丈夫的好助手。后来，董玉顺利完成了课题研究，并且获得了“优”的评定结果。一场并肩作战，也让谢耀丰夫妇的感情更深厚了。

在工作之余，用心去做一些事情往往会给生活增色不少。谢耀丰工作之余的习惯是做董玉的帮手，而董玉依旧将“麻烦”带回家，这不但不影响家庭生活，反而同时提升了他们的业务水平。按谢耀丰的说法是，工作的时候难得找出时间来读书，而董玉的“麻烦”正好让他的业余生活变得充实，也变得更加有意义。正因为这些“麻烦”，他多了一种途径来让自己学习知识、修炼智慧，以便使自己以更饱满的精神状态和更丰富的智慧来筹划学校的发展。

“家和万事兴”，和谐的家庭关系是家庭幸福的关键，而家庭关系的核心便是夫妻关系。夫妻只有加强彼此之间的沟通和信任，才能增强家庭成员内心的幸福感。班杜拉的自我调节理论中讲到，在婚姻关系中夫妻行为会受到其他夫妻行为模式的影响。我们不难发现，有些人的婚姻生活方式和周围关系密切的朋友的婚姻生活方式很像，这就是互相学习的结果。同样的道理，夫妻间的相互学习，相互影响，对夫妻双方能力的提升和个人的发展也有非常重要的意义。[①]

对于在职场奋斗的人来说，谁都希望自己能脱颖而出，谁都希望自己的事业能蒸蒸日上。事实上，这主要取决于两个要素：一是自身的专业能力，二是和谐的人际关系。谢耀丰深知其中道理，也一直很重视与人的相处之道。那么，在人际交往方面，谢耀丰是怎么做的呢？我们从他的经验中又能学习到什么？

途径三　笨拙选择不“笨拙”

也许很多人都觉得，笨拙有什么值得讲的？如果可以聪明行事，谁想笨拙呢？个中原因，且听我们一一细说。谢耀丰在与人相处的时候有一个特别高明的技巧，就是不仅靠能力征服他人，还凭人品让人愿意和他打交道。处世本无妙方，厚道最是可靠。不要奸诈、不玩手段的厚道是最禁得起考验的品质，而这种厚道品质，常被人称为笨拙。

日常生活中，人们会基于不同的动机做出“笨拙”的人际选择，我们把这些人分为三类：第一类人，无明确目的，主要是为了帮助别人，这属于利他主义型，比如，牺牲自身利益、不求回报地帮助他人；第二类人，为了家庭、团体的利益而变得“笨拙”，这属于集体主义型，比如，为顾全父母的面子，在与兄弟分割财产时，宁愿自己吃点亏，也不与兄弟争吵；第三类人，为了遵从社会规范、道德准则而变得“笨拙”，这属于规则主义型。比如，在之前一次事件中对方对你忍让了，若再次发生一件事情需要一方做出吃亏的选择时，之前受益的人就要考虑社会的道德准则，做出损己利人的“笨拙”选择，否则就会违背社会规范，遭到大家的谴责。

---

① 李涛．婚姻承诺的心理学研究［D］．上海：华东师范大学，2006.

所以说，处世需精明，为人需厚道。为人“笨拙”的人给人的感觉就是总在吃亏，其实并不然。有时我们在工作中就需要“笨拙”一点，如此才能避免许多不良因素阻碍事情的发展。比如，对于上司的批评、同事的坏脾气等，我们需要一种反应迟钝的笨拙，所谓“贵人语迟，敏于行”。“迟”，包含一种冷静，让人不必因一些不良因素而影响自己的情绪。总而言之，“笨拙”其实是大智若愚，不纠缠于琐碎之事，闲杂之事，是非之事，这是大智慧，必能让人有大收获。

前些年，谢耀丰在中心小学工作，事业正如日中天时，他突然改变了发展顺利的职业轨道，主动请缨回到老家所在的一所中学。那所中学当时可谓“危机四伏”：地理位置偏远，交通不便；教师待遇低下，教师无心教学；学生无心上课。他接手这个烫手山芋时，正是那所学校陷入困境之际。大家都不理解谢耀丰为什么放着好好的中心小学校长不当，偏偏跑去一个发展较差的学校自讨苦吃？

接手这个学校，谢耀丰面临着艰难的困境。此外，他还要解决一个严重的问题，就是如何留住教师。作为土生土长的当地人，作为一名教育者，谢耀丰不想看到家乡的教育事业越来越落后。本着对家乡的深厚感情，谢耀丰才决定到那所中学担任校长。他想方设法筹集资金，兴建了教学楼、实验楼、宿舍楼，改建了运动场、食堂，美化了校园。

除了基础建设，学校的思想建设也在紧锣密鼓地进行中。这些建设取得了显著成效，最直接的表现就是：学生用心学习了，教师安心教学了，等等。通过三年多的“软硬兼施”，那所中学的发展终于走上正轨。

按照常理，大家喜欢在生活条件好、工资待遇高的地方发展，谢耀丰却偏与“大众潮流”逆行，实是“笨拙”之举。但是，谢耀丰的“笨拙”赢得了家乡父老的称赞，赢得了领导的赏识，赢得了发展的机会。真正的笨拙是反应迟钝，头脑空白，而谢耀丰的“笨拙”体现了厚道者的魅力，那是与人为善，不图回报，让人信赖的好品质的光芒，是让人心安而感动的。

其实我们想一想，谢耀丰大可在原先的单位安安稳稳地当校长，高枕无忧地过生活。但是，他为什么还要做出看似笨拙的选择呢？社会发展总需一些人出来担当，谢耀丰觉得自己有条件、有能力、有责任成为这样的人。在人生之路上，我们总要学着给他人让让路，或是带上别人一起走，这其实也是给自己铺路。交际的最高境界，就是与人交往中、处处“笨拙”、厚道。精明可得一时之小胜，厚道方能赢得长久之胜。

智慧箴言：精明可得一时之小胜，厚道方能赢得长久之胜。

做人厚道不是什么精妙的方法，但可以被当作一种修炼智慧的途径，助人成长。谢耀丰正是通过多种途径修炼智慧，获得了不一般的力量，才使自己在管理上游刃有余的。那么，谢耀丰又有什么办法来让管理智慧再次升级呢？

第八章

提高智慧的策略

在工作中有些人会因为这样那样的事而情绪不高，工作积极性低，如果这样的人多了，就会影响整个团队的精神状态。当出现士气低迷的局面时，管理者首先要站出来主持大局。在多年的校长职业生涯中，谢耀丰掌握了一套行之有效的管理方法，并在实践中使之不断提高。那么，谢耀丰在管理方面究竟有哪些智慧可供我们借鉴呢？

“巧干能捕雄狮，蛮干难捉蟋蟀。”

我们做任何事必须得有毅力，同时，拥有智慧也是很必要的。不怕任务重，就怕没智慧。拥有智慧，可以有更多机会获得成功；相反，没有智慧，可能从一开始就注定要失败。所以，巧干胜于蛮干，不要盲目地为忙而忙。智慧的作用在管理上也是一样，没有智慧，事业的发展将难以为继。谢耀丰刚担任D中学校长时，就遇到了下属工作积极性不高，人心涣散的大问题。

有一年对谢耀丰来说特别漫长。那年的五月份，一位中学的校长与谢耀丰商量关于两校教师“较量”的事宜。这种教师间的交流活动已成为两个学校的传统，每年进行一次。以前两校教师切磋的形式是说课比赛，评判时间非常短，哪方赢了就一锤定音。但这一次，这位前来挑战的校长提出了与以往不同的较量规则：一是延长比赛时间，为期一学期；二是不再派代表参赛，每个教师都将是参赛者；三是除了传统的说课外，还增加了课堂教学、班会主题活动、教学论文等比赛项目。这让谢耀丰有点措手不及，因为谢耀丰发现对方已经做好充分的准备，培训教师、制订方案，准备做得有条不紊，而自己学校的准备工作做得并不充分。经验告诉谢耀丰，对方已是抱着必赢的心理来进行这次活动的。如果自己立即答应对方，本校教师因为没有准备，没底气，在较量中落败的可能性很大，这将对全体教师的教学积极性产生很大的打击。出于这样的考虑，他迟迟没有做出回应。

这一天谢耀丰正在办公室里审阅文件，门外传来敲门声，来者是谢耀丰的一位好朋友老王。老王带来了一份礼物，是谢耀丰参加市优秀教师表彰会时与市长的合影，曾被刊登在报纸上过。照片中的谢耀丰俨然一副意气风发的样子。谢耀丰想不到他还保留着这篇新闻，一时感慨万千。老王趁机说：“想想当年的那份激情，接受挑战吧！”老王言短但意味深长，意思是说，谢耀丰你作为一校之长应该有校长的风范，不应躲避挑战。持“逃跑主义”思想的领导，很难让学校得到发展。我今天特意来提醒你，如果你还有一颗激昂澎湃的心，就应该拿出当年的勇气，带领你的团队迎战！

谢耀丰终于按捺不住了。他当然知道老王使用的是激将法，但人家说得确实有道理。现在，谢耀丰面临一个艰难的选择：答应还是不答应？从理论上讲应该答应：第一，有竞争才会有动力，大家的积极性也许会随之提高，他也可以借此机会整顿教风；第二，如果赢了，学校的声誉会得到提高。但任何事情都有双面性，从实际准备情况来说，不应该答应，毕竟从目前来看对方各方面的准备都比自己学校好。谢耀丰进退两难，实在难以做出选择。但是了解谢耀丰的人都知道，他不是平庸之辈，不会轻易认输，他有那种“明知山有虎，偏向虎山行”的胆识和魄力。

人这一辈子肯定有许多困难等着你去面对，就像在海上航行一样，不管是驾驶豪华游艇还是破旧小船，总会遇上狂风大浪，甚至明潮暗礁，我们要做的就是排除各种困难，勇敢面对。如果我们不敢向前，遇事就躲避，那只能做个失败者。所以，遇事不要一味逃避，而要勇敢迎战。在这方面，谢耀丰最终能够顶住压力，准备应战，确实值得我们佩服。

智慧箴言：不管是驾驶豪华游艇还是破旧小船，总会遇上狂风大浪，甚至明潮暗礁，我们要做的就是排除各种困难，勇敢面对。

其实对方使用的策略是打持久战，顾名思义就是用很长一段时间内的教师表现来进行比赛。显然，准备不足的一方，将会在长时间的较量中显得疲惫，因而失去自身优势。心理学研究发现，一个人一旦有了倦怠感，那么做事情的质量就会明显下降。要打好一场持久战的先决要素是什么呢？良好的心态！有了良好的心态，你就成功了一半。那么在打这场持久战的过程中，教师们会出现怎样的心理状态呢？谢耀丰在迎战前做了理性分析。

第一是懈怠。人在坚持一段时间后，做事情的效率就会下降，虽然继续坚持，但往往事倍功半。从心理学角度来讲，人在做事情的时候，即使是做自己很喜欢的事情，要保持始终如一的良好状态也是不容易办到的。因此一定要调整好自己的心态，学会放松。懈怠是正常的状态，千万不要因此而对自己的能力有怀疑，要摆正心态，积极地面对困难。

第二是恐惧。在做一件事情之前，人总是担心自己不能把事情做好，其实越这样想就越会产生恐惧心理，事情也就会越来越糟。事实上，这根本就是一种消极和悲观的主观认识，假如你认真去做了，结果会比你想象的要好。因此我们要及时消除恐惧心理，静下心来分析出现恐惧的原因，以找到对策，坚定自己的信念。

第三是焦虑。在焦虑的情况下，人容易失去方向感，会不知所措。因此我们可以适当、适时地做一些放松心情的事情，给自己减压，及时缓解焦虑状况。

比如你要完成一项上级分配的任务，由于坚持不了而日渐懈怠，结果是你肯定不能按时、保质保量地完成。你以恐惧的心理去面对要完成的一项工作，你想要得到奖赏的美梦就会化作泡影；你在工作时总是处于无端的焦虑中，担心这没做好，那没弄好，搞得自己坐立不安，最后肯定会一事无成。所以，若想成功，一定要记住，首先要克服这些弱点。

对方准备打持久战的策略本也无可厚非，关键在于谢耀丰的学校正处于人心涣散的时期。如果采用速战速决的办法，谢耀丰的学校还有取胜的机会；相反地，如果是进行持续的较量，尽管师资方面有优势，但学校大环境不稳定的因素决定了谢耀丰的学校必输无疑。面对有利于对方学校、不利于自己学校的规则，谢耀丰决定——提高自身，战胜一切。谢耀丰想通过提高自身来使自己立于不败之地，我们管这种定律叫“达维多定律”。它的大概内容是：一家企业如果要想在市场上占据主导地位，就必须第一个开发出新一代产品，还要不断更新自己的产品。也就是说，要不断提高自己的能力进而使自己能应对各种挑战。为了提高学校实力，谢耀丰又想到了一个方法——鲶鱼效应。

鲶鱼效应是这样的：有两种鱼，一种是沙丁鱼，它们生性安静、平和；另一种是鲶鱼，它们生性好动，也因好动这个特点而名闻于世。

挪威人喜欢吃沙丁鱼，尤其是活的沙丁鱼，而市场上活鱼的价格往往要比死鱼高许多，所以，渔民们总是千方百计让沙丁鱼活着回到渔港。可是经过种种努力，绝大部分沙丁鱼还是会在途中因窒息而死亡。然而奇怪的是，有一条渔船总能让大部分沙丁鱼活着回到渔港，他到底使用了什么方法呢？船长一直严格保守着这个秘密，直到他去世，谜底才被揭开。原来，船长在装满沙丁鱼的鱼槽里，放进了一条以小型鱼类为主要食物的鲶鱼。鲶鱼进入鱼槽后，由于环境陌生，便四处游动，而沙丁鱼见了陌生的鱼十分紧张，为了躲避鲶鱼就要不停地游动，从而保持了活力。这样一来，一条条沙丁鱼得以活蹦乱跳地回到渔港，人们也就能吃到活生生的鱼了。这就是著名的“鲶鱼效应”。

为了能够在比赛中胜出，谢耀丰想了多种方法，看似都能行得通，但实际效果不大。后来他想到鲶鱼效应，就决定尝试一下。当时，教师们的态度很是消极懈怠，有些人没有责任心，不注重集体活动；有些人没有时间观念，不能为学校创造价值。众教师就像一条条沙丁鱼，需要放进一条“鲶鱼”来激活他们。这条“鲶鱼”在哪呢？谢耀丰寻找着。正在苦恼之际，对方负责人找上门来，于是谢耀丰灵机一动：何不就把较量当作鲶鱼使用？谢耀丰越想越兴奋，心说：就是它了！

把压力当作动力，把挑战当作机遇，把危机当作时机，谢耀丰每次受到挑战时采用的都是这种策略，而且每次都很有效。面对对方的挑战，谢耀丰决定把较量当作“鲶鱼”，促使全体教师提高能力，积极迎战这次对自己不利的“战争”。

不过，现在有一个新的问题：虽然谢耀丰接受了挑战，也利用鲶鱼效应把下属的积极性调动起来了，但是教师内部管理依旧混乱。教师光有积极性还是不够，如何提高他们的战斗力呢？

面对外界的挑战，下属往往不知所措，把希望全都寄托在领导身上，期待领导能找到一个圆满的解决办法。如果领导者在这种情况下表现出一副无所谓的样子，或者选择的应对策略、方法明显是无用的，下属就会怨气冲天，觉得领导没有才干、缺乏魄力。这个问题处理得不好，就会影响整个团队的士气，不利于后继工作的开展。此时的谢耀丰就遇到了这样的问题，他必须勇敢地面对。现在的情况是，大家的积极性虽然有所提高，但整体水平还未达到能与对方相比拼的程度。在这种情况下，谢耀丰能想出什么富有针对性的策略来呢？

策略一　着眼人性，开明人心

在队伍人心不齐，士气低迷的时候，管理者着眼于人性，开明人心，是很重要的。着眼人性能使冰冷的管理变得生动、温馨、富有人情味；开明人心则能最大限度地影响下属的思想、感情乃至行为。

以史为例，官渡之战之后，曹操缴获了袁绍收藏的大量书信，发现其中很多是自己部下和袁绍私下的通信。有人建议曹操按着书信提供的线索抓人。曹操说："当时袁绍强大的时候，连我都怀疑自己能不能赢，何况那些下属。"他下令一把火把那些书信都烧了，声明既往不咎。曹操能够洞察人性，以开明的态度对待下属，也就掌握了用人之道。

人性，即人类天然具备的基本精神属性。人类社会的一切，都是人性的映射，它是指在一定社会制度和一定历史条件下形成的人的本性。从心理学角度讲，人有两个本能：生的本能与死的本能。本能是支配人的行为的最强大、最根本的原动力。

人一无所有地来到这个世界上，他要存活下来，要在某些渴望的驱迫下，慢慢地前进在人生路上。在他所有的生存努力中，解决饥饿是最主要的。在人的各种需要中，满足饥饿的需要也是最基本的，其他需要都从它那里产生出来。人类所有的一切都在饥饿的驱迫下产生。饥饿被看作是生存动力，它发源于"我们的内核"，它促使我们的积极的意志为发展我们内心深处的未知的自我，为能满足我们想象的世界、达到与自我相遇而努力着。"饥饿"的重要地位在动物那里也能得到体现。

两个养猴人各自养了一群猴子，并以训练猴子为生。养猴人甲给猴子好吃的，该教育的时候教育，该打的时候打，该惩罚的时候惩罚。但是，猴子总是消极怠工。尽管有很粗的绳子拴着，还是有几只猴子偷偷逃跑了。养猴人甲决定去看望养猴人乙。养猴人甲观察了一天，发现养猴人乙对所养的猴子该打的时候也在打，该惩罚的时候也在惩罚，也用很粗的绳子拴着它们，而且给它们吃的东西并不见得比自己给的东西好，可猴子却不逃跑，反倒积极参加训练。又仔细观察后，养猴人甲发现，养猴人乙喂猴子的时候，总是先让猴子看一堆假水果，有香蕉、葡萄、橙子、橘子，等等，栩栩如生的假水果，有的甚至还有水珠，惹得众猴子垂涎欲滴。但是养猴人乙把这些水果给猴子看看就拿走了，只是给猴子吃一些普通的水果。养猴人甲不明白，便请教养猴人乙，养猴人乙说："只有当我们能激起猴子欲望的时候，才能更好地控制猴子。其实，套在猴子脖子上的不是绳子，而是生存的动力。"

动力泛指事物运动和发展的推动力量，同时也指对做自己有信心的事的一种力量。从人学的角度讲，它是从心理到身体的一种渴望、满足，是一种身体的内在驱动力。按美国心理学家亚伯拉罕·马斯洛的需求层次理论来说，人类需求像阶梯一样从低到高按层次分为五个，分别是生理需求、安全需求、社交需求、尊重需求和自我实现需求。谢耀丰正是认识到这些，所以面对挑战时才决定号召大家挺起胸膛，为自己而战，为自尊而战，为荣誉而战！

当天，谢耀丰召开全校教职工动员会议，他说："我们的态度是很明确的，既然选择了远方，便只顾风雨兼程。现在我们需要做的是团结起来，积极迎接挑战，坚决打好这一仗！"然后，谢耀丰对挑战任务进行了分工，各人领命而去。

谢耀丰的表态让大家心里有了底，所有人立刻开始着手自己的工作，不敢懈怠。看到这种情况，谢耀丰深感欣慰。此后不久，谢耀丰碰到了以前的初中老师。这位老师留下让谢耀丰沉思良久的一席话："按目前这个情况来看，由于事关个人尊严，大家的积极性都很高，但要想维持下去，还需向一个方向努力。这就需要激励人心。"谢耀丰眼前一亮，思路豁然开朗。白居易在《与元九书》说："感人心者，莫先乎情。"能够感化人心的事物，没有比感情更有效的。

于是，谢耀丰决定利用三种不同类型的激励方法维持大家的积极性。我们来了解一下谢耀丰的三类方法：

第一，真诚赞美法。常言道：十句好话能成事，一句坏话事不成。谁都希望自己被肯定，赞美的话人人都爱听。身为管理者要学会恰如其分地表扬下属，以此赢得他们的信任和好感。当他们接受工作指派又取得成果时，记得说声"你完成得很好"！当然，管理者也要给那些不太自信的下属以激励，让他们充满自信地去完成所接受的任务。

第二，目标激励法。用通俗的话讲，目标激励法就是通过树立工作目标来调动人们的积极性。在大多数情况下，人们都希望能在工作中充分发挥自己的才能，从而体会自我价值实现的成就感。在管理过程中，管理者如果给每一个人都确立一个通过努力就可以实现的工作目标，无疑可以起到调动其积极性的作用。树立明确的目标，利用目标激励他们，是让大家取得最后成功的关键。

第三，关怀激励法。这是最重要的一种方法，它要求管理者应该把下属们的基本需要时刻放在心里，对他们的工作、生活和思想给予关心和支持。管理者可以通过关心他们的冷暖和切身利益，帮助他们排忧解难，从而使他们感受到温暖，提高工作积极性。

这次与对方较量的方案由教导处主任负责撰写。教导处主任是一个很有责任心的人，他为了撰写方案不惜牺牲自己大量的业余时间。每经过他的办公室，大家都会发现他的桌面上堆放着很多书。他有时在书中圈圈点点，有时在包含重要内容的页码上折个小角，一本书看完了，接着又看另一本。教导处主任因为长时间的过度劳累而积劳成疾，最后病倒了。得知消息的谢耀丰十分感动，赶紧带几个校领导到医院去探望他。谢耀丰还主动联系了一位医术很好的医生为教导处主任治病。躺在病床上的教导处主任焦急不安，担心自己承担不起昂贵的医药费。谢耀丰早已明白教导处主任的想法，就安慰他说："你现在最重要的任务是把自己的病养好，其他的什么都不用想，我们会想办法帮你解决医疗费问题的，请放心!”

谢耀丰的确是一个言出必行的人，他发动全体师生为教导处主任筹集医疗费。除此之外，谢耀丰又义无反顾地帮教导处主任代课，解决了他工作上的后顾之忧。教导处主任痊愈后回到学校，谢耀丰又减轻了他的工作量。

通过这件事，我们可以看出谢耀做事丰懂得着眼于人性，开明人心。一方面谢耀丰的管理很人性化，总是主动帮助有困难的同事；另一方面，谢耀丰懂得利用各种方法激励人心，保持下属的积极性。

接着，谢耀丰又使用了第二个策略。

策略二　扬于广庭，责于私下

在谢耀丰的职业生涯中，曾有一件事情让他难以忘却，虽然这件事让人很不愉快，但谢耀丰却从中获得了很大启发。那年的十月份，正在办公的谢耀丰突然收到了上级领导发给他的一封电子邮件。这封信内容很短，但让谢耀丰很是忐忑不安。原来，教导处副主任做事随意没有按时完成上级交给的学籍整理任务，并且在知道事情后果的情况下，对整个工作上的失误隐瞒不报。按常规来说，如果没有能力或有急事不能按时完成任务，就应该坦诚说出来，也许在别人的帮助下还有“补救”的机会，隐瞒不报是最不应该的。谢耀丰对这位同事处理事情的方式很不满，也顾不得调整情绪，立即去找了教导处副主任。当时教导处副主任正在会议室与科组长、级组长等几十人开会，谢耀丰推门而入，当面责问他学籍整理工作为何出现这么大的失误。教导处副主任当众受到严厉指责，有些下不来台，谢耀丰的话音刚落，他便立即进行了反驳，会议室里充斥着一股火药味，最后大家不欢而散。

一段时间后，两个人都过了气头，教导处副主任找到谢耀丰道歉，谢耀丰比较尴尬：“我也有错，不应该当着那么多人的面批评你，这些事情我们本来可以私聊的。”末了谢耀丰又补充了一句：“我应该当着那么多人的面表扬你。”众所周知，善意的批评是为对方着想，是希望对方能有所感悟，有种恨铁不成钢的意味在里面。所以在批评下属前，最好思考一下什么时候、什么地方批评效果最好。原则上，批评要在私底下，赞扬则宜公开。

人都是有自尊心的，批评的时候一对一，单独谈话，可以避免伤害到对方的自尊心。心理学研究发现，人本来就很抵触批评，虽说“良药苦口利于病，忠言逆耳利于行”，但如果在公开场合批评他人，对方可能会更加抵触你的批评。谢耀丰从这件事里悟出来一个道理，这个道理叫作“扬于广庭，责于私下”，意思是说理应在大庭广众之下称赞、表扬别人的功绩，在私下无人时指出别人的过错。

对于批评，许多人都会反感甚至抵触。面对上司的当众批评，有些下属干脆破罐子破摔，甚至会不惜和上司当面争辩；而对于表扬，几乎没有人不喜欢。这一直都符合人的天性。每个人都渴望得到来自社会或他人的赞美，因为这会使我们的自尊心和荣誉感得到满足。但对我们而言，不管是批评还是赞扬都很重要，因为表扬或批评的最终效果还是会折返到自己身上，这就涉及“回飞镖原理”。何谓“回飞镖原理”?

大家在日常生活中会发现一个现象，你讨厌别人，别人就会讨厌你，这是人际关系中最为人熟知的现象。更具体地说，自己对对方的态度，会像照镜子一样，再从对方的态度中完完全全地折返到自己身上。这是“镜子原理”，也叫“回飞镖原理”。表扬与批评亦是一样的道理，表扬与批评就像回飞的飞镖一样，转一圈之后还是会回到自己身边。所以千万不要吝啬自己的表扬，当然也要懂得批评的技巧。

古时候，有一位十分有名的侠客，他的弟子有近千人。一次，这位侠客的朋友问他：“可以让那么多的弟子仰慕你、跟随你，你有什么秘诀呢?”侠客回答说：“当我要责备某位犯错误的弟子时，一定把他叫到我的房间里，在没有旁人的场合提醒他；当我想表扬某位弟子时，必定是在众弟子面前表扬，就这么简单。”所以，作为管理者，要想深受大家欢迎，提高自己的威信，应该时刻遵循“扬于广庭，责于私下”的原则，不要让自己的下属当众出丑。

在我们的日常生活中，也有很多“扬于广庭，责于私下”的例子。某广告公司有一个娇小的、脸上总是带着笑容的女孩，在公司里很少开口，很内向，每天拜访那些企业家就是她的工作。也许是性格原因，她营业成绩为零的日子持续了一个月，还有保持这种状况进入第二个月的势头。每每傍晚回到公司，同事们不断拿回订单来，只有女孩一个人空手而归。但女孩的上司总会在众人面前拍拍女孩的肩膀，表扬说：“你很了不起，很努力啊!”私底下还会和她一起分析哪里需要努力。终于有一天，回到公司后她大声喊道：“主任，我得到了，我得到订单了!”现在的她已经成了公司的“订单女皇”，成了公司最能赚钱的人之一。

心理学认为，能力一旦被认可，就会使人的潜能得到最大限度的发挥。

“金无足赤，人无完人”，每个人总会有自己的不足。有一位教师在课程改革中成绩突出，令人佩服，但是他身上有一样毛病：这个人桀骜不驯，平时不太注重自己的言行举止，与同事间的关系处理得不好。终于，在一次年度考核中他为此付出了代价。照理来说，这位教师能力突出，业绩显著，应当有资格参与评优，但是考核小组有的成员不这么认为，便出现了相持不下的场面。谢耀丰见此场景不免为这位工作能力突出的教师感到惋惜，便力排众议：“他脾气不好，性格张扬，但并没有伤害大家的利益，只是大家看不习惯他而已。他在课改上的成绩很突出，所带班级中考平均分数数一数二，另外据我了解，他是一位颇受学生尊敬的教师，这说明他在为师方面做得很好。我们是不是应该把私人感情收起来，客观地给予他评价?”大家点头表示同意。

最终，这位教师评上了“优秀教师”。但是，谢耀丰私底下又找了他一次。这到底是为什么呢?原来谢耀丰是要指出他身上存在的问题，告诉他为什么业绩这么显著却不被人认可。这次谈话给这位教师的触动很大，后来在谢耀丰的帮助下，这位教师张扬的性格改掉不少，与大家相处也好了很多。

智慧箴言：谁都有感情，也会有自尊。这两者你需要，别人也需要。

谢耀丰实际上是在用“回飞镖原理”对待下属。他明白“良言一句三冬暖，恶语伤人六月寒”，不管良言还是恶语最后还是会回到自己的身上，所以不如好好地利用良言来温暖人心，让它们发挥出最大的价值。谢耀丰总结出了在日常工作中表扬与批评要掌握的两个原则，以及这两个原则的意义。

第一个原则是扬于广庭。一般越在人多的场合进行表扬效果就越好，这样不仅能使被表扬的员工有面子，而且可以明确地向其他人表明领导鼓励什么样的行为。大多数领导都有这个经验，表扬时应该声势浩大，让更多的人分享成功的喜悦，同时尽可能用书面形式或奖状等进行表扬，以延长受表扬者的喜悦感，这就是“扬于广庭”。

第二个原则是责于私下。人若在大庭广众之下被责骂，就会觉得没面子，很可能因此而意志消沉，产生反抗或憎恶的情绪。所以，批评还是私下进行为宜，尽量不要有第三者在场，尤其是不要在公共场合批评他人，这就是“责于私下”。

智慧箴言：假如你想表扬一个人，用书面文字；若你想批评一个人，请用电话。

可以这么说，正确运用批评与赞扬原则是一个领导成功的标志，对于领导来说很重要。对于下属的一些过失，领导最好采取单独面谈的方式，只要他认识到自己的错误，就不必要求他公开检讨；对于值得表扬的下属，管理者就不应该吝啬自己的赞美，以此来提高他们的工作积极性。

经过和教导处副主任当面起争执那件事，谢耀丰清楚地认识到即使你进行批评的动机是好的、真诚的，也要注意场合。当有其他人在场时，哪怕是最温和的批评也很可能引起被批评者的怨恨，使他感觉丢了面子。什么时候处理最合适，用什么样的方式处理最妥当，都是应该考虑周全的。只有用对了方式，才能赢得大家的心，才能使批评发挥应有的作用。当然，从青年教师评优的事件中也可以得出这样的道理：谁都需要被肯定，需要自尊。无论是批评还是表扬，都像一把双刃剑，用得不好，会引火烧身，伤及自己；用得好，可以提高别人的积极性，提高工作效率。

下属士气不高，除了其自身的因素外，也有外在大环境因素的影响。面对对方学校的挑战，谢耀丰勇于迎战，他究竟还会用什么策略来提高学校获胜的把握呢?

技巧三　外柔人事，内刚人格

我们都知道刚为硬，柔为软，二者犹如矛和盾，相互依存，不可或缺。谢耀丰认为，与人相处以柔为主，自我要求以刚为主，就是常说的宽人严己。他的这种认知与他二十多年的职业体验有关。

柔与刚能“组拼”出三种类型的管理者。

第一种是有刚无柔型。在管理上，如果管理者只有刚性没有柔性，管理工作就会失去灵活性和随机性，这种管理者往往独断专行，自以为是，即使能力很强，也难以赢得人心。时间久了，下属对这种管理者会若即若离，甚至避而远之。乌江自刎的项羽就属于这种类型。

第二种是有柔无刚型。这种管理者给人的感觉就是老好人，为人没有原则性，做什么事都举棋不定、优柔寡断。“人善被人欺，马善被人骑”，若是做什么事都显得懦弱，下属就会趁此机会欺着你。兵败官渡的袁绍就属于这种类型。

第三种是刚柔并济型。这种管理者柔中有刚，刚中带柔，能正确把握什么时候用刚，什么时候用柔。遇到涉及原则性和立场性的问题时，他会毫不示弱，干净利落，坚持己见，并且坚持得有理有据；遇到其他问题时，他会择其善者而从之，其不善者而改之，照顾到对方的情绪。蔺相如就属于这种类型。

说到外柔人事，不得不提起一个人，那就是刘邦。楚汉之争中，刘邦能在与项羽的较量中取胜，得益于“柔”。楚霸王项羽过于刚强，锋芒逼人，与困难正面交锋时，损耗自身精力与体力，使自身衰弱，最终自刎乌江；而汉刘邦外柔人事，能避重就轻，扬长避短，并且圆滑柔和，善于笼络人心，最终击败楚霸王，建立了汉朝。

说到内刚人格，不得不提起大卫·贝克汉姆。对于当年 23 岁的贝克汉姆来说，98 世界杯的到来使他兴奋到无法入睡。可惜在关键的第三场小组赛中，本来那颗金子般的任意球已经确定了贝克汉姆在英格兰队的核心地位，但狡猾的西蒙尼却将这一切摧毁。贝克汉姆没有想到，那无力的一次抬脚竟然让自己的人生发生了如此重大的变化，成为自己一度挥之不去的阴影。然而贝克汉姆没有选择放弃，意志坚强的他延续了属于自己的精彩故事。在曼联重新找回自信，一解四年郁闷的同时，贝克汉姆也宣告了自己已正式成长为一个真正的男人。

谢耀丰在管理生涯中的一个基本策略就是“外柔人事，内刚人格”。“刚”和“柔”是对立统一的，没有“刚”就没有“柔”，没有“柔”也就没有“刚”，二者相辅相成。谢耀丰认为只有刚与柔相互结合、相互渗透，才能达到刚柔并济的效果，才是最有成效的管理方式。关于这番理论，有例为证。

每学期安排教师上课，是当过校长的人都害怕的事情，这到底是为什么呢？我们来分析一下：全校有那么多教师，每个教师都是具有差异性的个体，即便管理者有再高的能力也不可能做到绝对公平，不可能满足全部人的需求。所以管理者的 A 方案或 B 方案在他们眼中都是不完美的。也许有人觉得，管他三七二十一，我是校长我做主，说了这样安排就这样安排，一来可以减去不少的麻烦，二来也可以展示一下校长的权威性。但是教师们认为这是用校长的权威来强人所难，是不听取民意，是滥用权力。

也有管理者认为，硬的不行就用软的，尽力听取每个人的建议，务求面面俱到。但是，如果选择这种方法，到何年何月才能把课程安排好？

“过刚易脆，过柔易弱”，面对难以拿捏的难题，谢耀丰是怎么做的呢？在安排工作之前，谢耀丰通过多种途径向大家收集意见，深入了解了每位教师的实际情况，以最需要照顾者优先为原则，进而制订出合理的课程安排表。当然，无论如何安排，也有少数的教师不服从安排。面对这小部分人，谢耀丰果断采取了刚硬的态度，从学校的大局出发，绝不退让。因为谢耀丰深知，一旦让步，接下来便会有更多人要求调整工作，最后事情会一发不可收拾。谢耀丰知道，在这种情况下退让，自己的工作将会处于被动状态，当然，对那一小部分人也不能强硬拒绝后置之不理，要与他们沟通，和他们道明这样分配的原因。

安排工作这件事情，确实能证明谢耀丰用对了策略，“外柔人事，内刚人格”是上上之策。老子曰：“滴水穿石，何其刚也；顺流而下，何其柔也。”水的智慧在刚与柔之间彰显。水是刚的，它能穿透石头；水又是柔的，它能顺着河床一直流下去，没有东西能阻碍它。

麻烦事一波刚刚平息，另一波又来了。这一天，谢耀丰的办公室来了一个人——总务处主任。一开始总务处主任既敬烟又问候，接着称赞谢耀丰上任以来对学校的贡献。谢耀丰猜想这位总务处主任必有所求，果不其然，这位总务处主任是想凭借自己的职务之便获得相应利益——以最优惠的价格承包学校食堂。面对总务处主任的请求，谢耀丰始终坚持以学校的大局为重。最后这位总务处主任黯然地离开了谢耀丰的办公室，从此以后再也不敢提这事了。

在不断努力下，谢耀丰再一次成功地化解了危机，成了令人钦佩的校长。

说到这里，我们有必要了解一下“外柔人事，内刚人格”的真谛。有人说，外柔就是圆滑做人，这种人巧言令色，本质虚伪，令人反感。而内刚就是脾气暴躁，固执己见，这种人自以为是，什么都以自我为中心。其实，外柔内刚的含义并不是这么肤浅的。

在管理的道路上，管理者需要面对各种各样的人，所谓“对症下药”，一种方法只能解决与之相关的具体问题，想要以一招打遍天下是行不通的。管理者对下属太柔，则约束不住他们；对下属过刚，则人人敬而远之，无从谈管理。因此，管理者必须学会唱红白脸，刚柔并济。刚，就是管理者做人要有正气，要内心方正，坚持原则，大公无私；柔，就是管理者处世要老练，善用技巧。刚在不变，柔在可变，基本原则是外在的“可变”不影响内在的“不变”，这就是外柔内刚的真谛。

智慧箴言：刚，就是管理者做人要有正气，要内心方正，坚持原则，大公无私；柔，就是管理者处世要老练，善用技巧。

这个策略让谢耀丰在校长这个职位上做得得心应手，越来越受人欢迎。下属们对他尊敬有加，也愿意听取他的建议。作为一个管理者，有时要如老虎，有时要如绵羊。大家知道，管理者如果过于方正，必将碰得头破血流；如果过于圆滑，也必将众叛亲离。所以管理者必须把柔与刚恰到好处地结合起来，如果能做到该刚则刚、该柔则柔，必将取得良好的管理效果。那么，在提高下属积极性之后，谢耀丰的管理生涯中又会经历哪些事情呢？

第九章

培养智慧的策略

当校长不易，当富有智慧的校长更不易。一个校长若想在教育管理上得心应手，背囊里没有丰富的智慧是不行的，因为那样将很难驾驭强势的下属，既无法解决棘手的问题，也无法赢得大家的认可，甚至会给学校的发展带来负面影响。在解决了众多问题后，谢耀丰已拥有了丰富的管理智慧。那么，他是如何获得这些管理智慧的呢？我们又能从他那里获得哪些启发呢？

古往今来，中国人对智慧的培养一直特别重视，认为拥有智慧便拥有了成功。谢耀丰深谙此理，并一直坚持认为，教育管理是需要智慧的，而智慧是可以培养的。谢耀丰做事非常重视“谋划”，换句话说，有智慧的人不需要临时抱佛脚，他们往往在出手之前便已未雨绸缪做好准备了。在刚刚“出道”的时候，几乎每项工作都考验着谢耀丰的智慧，尽管困难重重，但他最后都一一化解了。在这里，我们想讲一讲谢耀丰所遇到过的一次挑战，而这也是他一辈子都忘不了的一次挑战。

当年，谢耀丰曾有机会跻身于公务员行列。那个时候谢耀丰已经在乡镇学校工作了三年，十分希望调到市区学校去，碰巧来了一个机会。当时区政府面向学校招考一名科级干部，谢耀丰所在的单位只有他一个人符合条件，校长就推荐了他。

这一次，迎接谢耀丰的是一场非常激烈的竞争，注定会让他终生难忘。据统计，当时有1000多人报名，经过审查后符合资格的有300多人。在300多人的选拔考试中，谢耀丰的笔试成绩是第二名。经过面试，谢耀丰以综合排名第一的成绩顺利进入考察阶段。当时，几乎所有人都在关注着这件事情，特别是那些想以类似方式改变命运的乡村教师。

但出于种种原因，谢耀丰没能如愿考上公务员。这无论对谁来说都是非常遗憾的。换位思考一下，如果我们是这件事情的主角，一定已经沉不住气开始抱怨了。但谢耀丰没有。从心理学上看，人的成熟有三个标志，首先是生理性成熟，其次是心理性成熟，第三是社会性成熟。真正成熟的人，都要达到生理、心理和社会性等三个方面的成熟。

为什么这样说呢？这可以从发展心理学的角度来解释。当人还处于婴幼儿阶段时，自身的基本需求非常强烈而直接，根本不会试图去掩饰。你可以仔细观察，当小孩子饿的时候，他不会做别的，就是先哭，哭到你喂他吃东西为止；当小孩子不舒服的时候，他也只是哭，直到你把他照顾得舒舒服服为止。小孩子的欲望和要求能够直截了当地让大人了解到，即使是哭闹，都会让人觉得是可爱和可以理解的，因为他们“心口如一”。事实上，一个成年人如果表达需求时也像小孩子一样，就会被人嘲笑是幼稚了。人到了青少年时期，开始反抗家长的权威，追求自己的独立，这时就会产生叛逆的心理，产生逆他人之意的思维，而这种思维体现出的就是“心口不一”。

随着年龄的增长，面对复杂的现实，人开始学会控制自己的欲望和情绪，逆意思维逐渐顺应现实，“心口不一”的情形就会慢慢出现了。“心口不一”是指人不单纯按照自己的所想来做事情，而是根据需要，认为哪种做法更有利就采取哪种做法的行为方式。毕竟说话太过直接或者直率，很可能会伤害到别人，也可能会引起不必要的纷争。“心口不一”有时正是一个人理性的表现，也是一个人心理成熟的标志。作为一个社会人，你的所言所行势必要与其他人发生关系，你随时都要为自己的行为负责。这时候，你在心中就需要一根准绳来约束自己，学会真正融入这个社会。正因为如此，谢耀丰第一次开启了“心口不一”模式，面对遗憾“落第”，他并没有过多抱怨与指责他人。

但是，这次失败，还是将他推入了万难的境地——去不了区政府，因为没被录用；回不了学校，因为已有人接替他的工作。这么一折腾，谢耀丰失业了。年轻的谢耀丰刚成家，还有一个刚刚出生的孩子要养，工作没着落，一家子就失去了收入保障，这让谢耀丰非常焦虑。

从此时到谢耀丰再工作，期间足足有 200 天。200 天，200 次日出日落，200 个漫漫长夜，他没有浪费时间，而是把时间投入到了其他地方。从谢耀丰处理这件事的做法中，我们可以看出两点关于他为人处事的信息：第一，他是一个能受得住委屈的年轻人。就算考试受挫，遭到旁人的指指点点，他都能不将这些放在心上。会影响自己情绪的事情，他不做；不该讲的话，他不讲，只是一味怀着积极的心态磨砺自己。第二，谢耀丰对失败看得开。招考这件事情对他来说可能是事业发展的拐点，非常重要，但是他肯接受这个“落第”的巨大遗憾，本身就很强大。

不管做什么，你想得简单些，问题或许就能够被简单解决。在这漫长的 200 天里，谢耀丰做了些什么事情呢？失业期间的一天，谢耀丰接到了一个来自市教育局的电话。

市教育局教研室向谢耀丰原来所在的学校了解了他，老领导对谢耀丰的评价很不错，因此教研室主任丁磊就找上门来了。应市教育局的邀请，谢耀丰决定主持一项市级重点课题《乡村留守儿童的问题与对策》。

随后，谢耀丰开始了《乡村留守儿童的问题与对策》的研究。为了掌握第一手材料，谢耀丰走访了全区的所有村庄，访问对象超过 7000 人。这是一份非常艰巨的工作，不仅需要调研者拥有敏锐的观察力、严密的逻辑力，还需要调研者忍受得了委屈、耐得住寂寞。下乡调研这样的工作，谢耀丰足足坚持了半年，乡村留守儿童的问题在他的脑海中越来越清晰。接下来就要思考解决乡村留守儿童相关问题的对策了。谢耀丰终于开始下笔，写了一个多月，又改了一个多月，用过的稿纸足足可以装满一箩筐。谢耀丰最终完成了一篇 35000 多字的调研报告，投给了一家杂志。这家杂志的责任编辑很快回复说决定录用，同时要求他至少删减一半字数。谢耀丰已经筋疲力尽，但还是把稿子加以压缩，发给了那位责任编辑，调研报告得以顺利发表。这是谢耀丰的第一项教研成果，他珍惜每一次机会，也珍惜每一份成果。

有人会说，都丢了工作了，谢耀丰为什么还这么沉得住气？这其中的原因，和现代管理学中一个叫作“情绪智力”的概念有关。“情绪智力”也称作“情商”或者“情感智慧”，是人们发掘情感潜能、用来更好地对心态施加影响，使人生未来更美好的一种很重要的品质。情绪智力，最基本的就是使人能够正确认识自己，定位好自身的角色，并根据自己的性格特点、能力及优点来制订相应的目标和计划，寻找适合自身的发展之路。

在中国的历史上，有许多例子可以说明这种情况，如大家耳熟能详的《三国演义》中诸葛亮三气周瑜的故事。英姿飒爽的英雄人物周瑜不可谓智商不高，但是他有一个致命缺陷——情绪智力不够高，至少在自我情绪调控方面存在严重不足，否则也不会因为几次败于诸葛亮之手就耿耿于怀，结果积怨成疾，以致旧病复发而英年早逝。

这里还有两个正面的例子。英国有对夫妇不幸身患癌症，已是晚期，两人便索性抛弃心理负担，拿出所有积蓄环游世界，享受生活。最后，这对夫妇身体内的癌细胞居然神奇地消失了。无独有偶，中国江苏的徐国美，曾被确诊为肺癌中期，之后癌细胞发生转移，又得骨癌，且癌细胞还在大规模扩散。徐国美被医生告知只剩下几个月的寿命。徐国美夫妻索性放弃治疗，卖掉城里的房子在农村安了家。夫妻二人租了土地，一边养鸡一边种菜，过上了“采菊东篱下，悠然见南山”的生活。劳作之余，妻子唱唱歌，丈夫唱唱戏，两个人过得悠然自得。多年之后，他们去医院检查，医生惊讶地发现徐国美体内的癌细胞已经得到控制。为什么能发生奇迹？这就是情绪智力的力量。①

从以上例子中我们可以看出，倘若一个人情绪智力够高，则能有效排除负面情绪，在极不利的境遇中依然具有明确的目标。而明确的目标不仅是努力的依据，也是对自己的鞭策。随着一个个目标的实现，人的成就感会油然而生，自信心会愈发强大，思考方式和行事方法也会越发成熟和稳健，最终将会走向成功。

智慧箴言：情绪智力高，则具有强烈的目标导向；也唯有目标远大，才能做到高瞻远瞩。

谢耀丰也意识到了这个道理，所以有意识地在培养自己的情绪智力，以便以后遇到大事时可以从容应对。

如今，随着物质生活水平的提高，人们工作的积极性反而有所下降。有些人即便干着钟爱的工作，也往往提不起劲儿。如果人工作单纯为了一份薪资，肯定会失去享受工作乐趣的机会，更谈不上在工作中培养智慧了。谢耀丰却不曾在这条路上停下来过，他是如何培养智慧的呢？

完成《乡村留守儿童的问题与对策》的研究后不久，谢耀丰便重新回到了教育岗位上——到一所小学担任分管教学和教研的副校长。上任不

① 唐春勇，潘妍．领导情绪智力对员工组织认同、组织公民行为影响的跨层分析［J］．南开管理评论，2010（04）．

久，谢耀丰就开始着手带领大家进行课堂教学改革：上课、听课、评课，开会讨论、制订方案、推动实施。尽管谢耀丰非常认真努力，但教学改革工作却效率低下。谢耀丰初次担任副校长就遭遇了挫折，他不愿责怪他人，只开始从自己的身上寻找原因，最后认为是自己缺少管理智慧所致。他从这时开始明白，培养自己的管理智慧至关重要。

工作中难免有需要独当一面的时候，这给了谢耀丰锻炼自己、培养自身管理智慧的机会。谢耀丰在培养自己的管理智慧时用到三个策略。

一是经验的积累，没有经验就无法深知新的东西。

二是深刻的反思，在对自我经历的反思中发现问题。

三是素养的陶冶，提高自身人文修养，实质性提高“软实力”。

策略一　经验的积累

经验的积累这个策略，谢耀丰在实施中经历了太多事情。在“落第”后失业的200天里，谢耀丰利用空闲时间做了一件事——参与公益事业。从那年的冬天开始，谢耀丰便参与到了由社会机构组织的“冬日温暖大山”的爱心行动小组中。这个组织有一个特点，队伍人数不多，相当于一支足球队，对口帮扶的是大山里一个村庄中的孩子。从加入这个公益组织的那天起，谢耀丰的身影一直活跃其中。小组中有两个谢耀丰相交很深的朋友，他们志同道合，互相帮助，乐在其中。其中一个是农民企业家翟大鹏，很多爱心物资都由他资助或者筹集；另一个是乡村医生余栋梁，他会定期免费为看不起病的村民看病，并为小朋友定期接种疫苗。而谢耀丰主要负责教学工作，并负责请来有相同志愿的青年教师当临时教师。谢耀丰说：“只要这里的孩子有需要的声音，我们就会听到，也会尽量在属于孩子的节日里，送去我们的祝福，并力所能及帮助他们积极地生活、学习。”谢耀丰他们的队伍虽然并不庞大，但却能给山区的孩子带来很多帮助。

在社会学中，这种形式的“爱心传递”与中国几千年来传下来的“仁爱”思想一脉相承。“仁爱”一词出自《淮南子·修务训》，原文为“尧立孝慈仁爱，使民如子弟”，意即光能够“宽仁慈爱”。“仁爱”是一种良好的个人修养，也是一种社会公德，更是一种立身准则。将“仁爱”之理念融入生活，多行善举，在社会中不断传播正能量，更能赢得人们的尊敬。“公益”背后闪现的爱心，体现着“仁爱”思想深厚的文化底蕴，为现代“仁爱”哲学注入了新的活力。

不久，这支队伍在当地有了自己的“办公室”。一间小屋子那里挂着“送暖入户”四个大字，这就是当地人口中所传的爱心“根据地”。近几年，“根据地”可说门庭若市，队伍也在不断壮大，越来越多的人将爱心洒遍了需要的地方。但是，就在这个团队打算进一步发展的时候，发生了一件令人惊诧的事情——翟大鹏突然离开了。翟大鹏的地位相当于这个“家庭”里的顶梁柱，他头脑灵活，为人慷慨，没有他，“冬日温暖大山”的爱心行动将大受影响——最直接的影响就是资金的缺少。“巧妇难为无米之炊”，大家都有“爱”，可真正需要物质的时候却使不上劲儿了。据说，翟大鹏由于投资失败破产了，所以一声不响地离开了这个团队。

谢耀丰非常理解翟大鹏的苦衷，同时也明白了总依靠一个人不是办法。他决定和大家一起制订新的“温暖计划”，让“冬日温暖大山”的爱心行动继续下去。

通过这件事情，我们可以做出两个判断：一是谢耀丰在关键时候相当冷静镇定，不会因为突发问题而慌了手脚，有着良好的团队管理意识；二是谢耀丰是一个不轻言放弃的人，做事执着、意志坚强。而这两点，是成大事者的必备素质。

正是这一次又一次意外的发生，为谢耀丰学会解决问题提供了不少机会，也为他修炼智慧打下了基础。

接下来，谢耀丰做了令人意外又感动的举动——继续给贫困孩子送衣送食。那一年的冬天特别寒冷，冬至时节，温度已是极低。爱心团队了解到那里的儿童已经缺衣少吃了。谢耀丰说，我们不能再等下去了，现在先把部分衣服和粮食送过去，能帮多少是多少。接着谢耀丰与大家东奔西走，又给孩子们筹集了一批衣服和粮食。谢耀丰的这一举动成了孩子们的最大惊喜，也如冬日里的一抹暖阳，让孩子们从心底温暖了起来。

谢耀丰他们为留守儿童筹集衣服和粮食，最初担心没有人响应，就挨家挨户上门请求。后来不用这样了，因为每天都有人到“根据地”捐助。这些捐助者有成年人，也有未成年人；有男，也有女；有企业家、公务员，也有工人、农民……令人高兴的是，很多捐助者同时也成了志愿者，每天都会帮助谢耀丰他们整理衣服、登记物品等。有位老太太一边忙着一边说：“看到你们这些二十几岁的年轻人能够自发走进山区为孩子们献爱心，真欣慰啊！”经历了大半辈子风雨的人，懂得什么是人情世故，也懂得怎样做才是真正有“爱”的人。

最初，谢耀丰他们做这件事情的时候，遇到过筹资难、人员少、支持少等情况，后来他们的行动慢慢地感动了许多社会上的爱心之士，获得了不少帮助。除此之外，谢耀丰受到了一位市教育局老领导的关注。老领导原来主管教研，曾与热衷于教学研究的谢耀丰有过几面之缘，这次准备与他合作一个教研项目，却发现他已“出远门”。谢耀丰在电话中对他说自己现在正在山中。老领导奇怪地问道：“没事跑去深山野岭干吗?”谢耀丰就简单地把“冬日温暖大山”活动跟他说了。老领导感动于谢耀丰的乐于助人，于是利用自己的影响力呼吁一些学校与谢耀丰合作。与此同时，老领导把谢耀丰他们的事迹写成通讯，发表在了当地的报纸上。谢耀丰他们奉献爱心的事迹很快为很多人所知，许多学校不但慷慨解囊，还请谢耀丰到校任教。谢耀丰同时接到了两份工作聘请，一份是区政府办公室副主任的工作，另一份是某小学副校长的工作。经过这次“大起大落”，谢耀丰明白自己需要什么，知道从事教育工作更加符合自己对“仁爱”的理解，而且践行起来也会更得心应手。面对挫折与奋起、委屈与荣誉相互交织的磨砺，谢耀丰的内心强大了很多，他的智慧也在不断趋向丰厚。

人的一生当中，会面临无数选择。是追求大家趋向的安稳日子，还是遵从内心的理想做想做的事情？这的确需要再三斟酌。特别是年轻人，不要盲目进行选择，要遵从自己内心所想。能历经世事，积累一定的人生经验，终可以找到适合自己发光发亮的地方。谢耀丰就是典型的例子。谢耀丰师范院校毕业时不过弱冠之年，势必也有过很多彷徨和困惑，但他的优势就是年纪轻、人品好。他很好地利用这个优势进行了人生经验的积累，为此后的事业奠定了坚实的基础。那么，当谢耀丰选择了再回到教育岗位上时，他提升管理智慧的策略，又有哪些可供我们学习呢？

教育活动是人类有意识、有目的的行为，这种活动具有非常明显的社会性、计划性和权威性，所以它既需要系统的教育理论，又需要丰富的教育实践，归根结底是需要统领全局的教育智慧。积累各种经验，不失为提升教育智慧的好策略。在教育领域，有一个流传甚广的观点——“成长＝经验＋反思”。这是美国心理学家波斯纳基于自己的长期研究而提出的教师专业成长公式，具有较大的合理性。除经验之外，反思也很重要，所以谢耀丰第二个培养教育智慧的策略便是“深刻的反思”。

策略二　深刻的反思

谢耀丰来到那所小学后，担任副校长职务，分管教学和教研工作。90年代初，“精彩课堂”理念被不断提出，谢耀丰的想法与这一理念相契合，他也希望学校的教学工作能赶上潮流。经过与教务处几个主任讨论，谢耀丰制订出了一套让课堂“精彩”起来的改革方案，经校长同意后在全校实施起来。方案一亮相，许多教师陷入了迷茫，认为这些“精彩”无非是“热闹”，纯属形式主义，没有实质内涵，并非好事。但是，谢耀丰他们还是将这个方案推行实施了。大约两个月过去，教导处针对“精彩课堂”进行了一次调研，大家反映最多的就是学生在课堂上的肆无忌惮，教师很难掌控课堂。学生思维活跃，这应该提倡，但是如果行动放肆，就应该约束。这个问题一时也引起了大家的广泛讨论。

有一位语文教师是谢耀丰的初中同学，也是“精彩课堂”的积极实践者，但是在他的课堂上出现了不少问题。有一次，这位教师上语文课，首先让学生阅读一篇课文，然后要求大家讨论问题。这样一来，大家你一言，我一语，课堂马上“精彩”了起来。但是这场景也难掩问题的存在：学生为讨论而讨论，有时回答简单，甚至粗糙；有时大开“论战”，课堂几乎处于失控状态。谢耀丰的同学从中发现一些实际问题：学生初读课文后不可能马上得出正确的答案，一味要求学生讨论，反而会让学生产生浮躁的心态。成绩优秀的学生急于表达、急于表现，而成绩不好的学生要么沉默无语，要么置身事外。如此一来，本该大家静静品味、静静思考、积极参与、合作交流的语文课堂，就变成了少数人表演和多数人旁观的“演戏”，与教改初衷相去甚远。

有一天，学校全体教师聚餐，大家的心情都比较轻松。谢耀丰的同学趁机给谢耀丰讲了一个关于“接生小鸡”的故事：

母鸡下蛋孵小鸡，就要孵出小鸡的时候，一个小孩决定帮一下母鸡。那天，母鸡找食去了，小孩拿起一个鸡蛋，捧在手心里轻轻抚摸着，一本正经地说：“小鸡不要害怕，一会儿你就会来到世界上了。”说完就剥开了一个鸡蛋。于是，一只带有余热，还未睁开眼睛的小鸡“诞生”了。小孩可高兴了，又剥开了第二个。当他剥到第四个的时候，母鸡回来了，立即猛啄了他一口。小孩顿时又痛又怕，哭哭啼啼地去找妈妈。妈妈哭笑不得地说：“小傻瓜，小鸡要到一定时间才会出生呢！你这样给它们‘接生’，它们怎么可能活下去?”小孩赶忙跑过去看小鸡，刚刚被他“接生”的小鸡果然都死了……

谢耀丰的同学的意思就是说，“精彩课堂”虽然迎合了教育潮流，看起来很先进、很前卫，但如果时机不到，准备不够，很可能同样会夭折。

谢耀丰明白同学的用意，表示回去会好好想想。第二天，谢耀丰请教导处几个主任、各科组长来开会，再次就“精彩课堂”的问题进行研究。最后他总结说：“‘精彩课堂’不可能一步到位，需要在实践过程中边总结边改进。我们只是教改方案设计者，真正有发言权的是上课教师，因此我们非常有必要听一听大家的想法。”于是除要求教导处进一步完善教改方案外，他还多次深入课堂听课、评课，指导大家如何进行“精彩课堂”改革。经过这次“头脑风暴”，大家对“精彩课堂”有了深入的理解：“精彩课堂”方案实施起来能让课堂显得活跃而不失严谨，灵活而不失有序，并且各科自有特点，不再拘泥于一招一式。

伟大的教育家孔子说：“吾日三省吾身。”古希腊哲学家苏格拉底也说：“未经反省的人生是不值得过的。”人生需要反思，教育也需要反思。哲学家黑格尔认为反思具有不同的层次：“设定的反思”尚停留在抽象的自身同一阶段；“外在的反思”则进展到把握区别与对立阶段；只有“规定的反思”才能从联系上把握对立的统一。谢耀丰对教育的反思也经历了一个渐进的过程。他最初觉得“精彩课堂”实施的方式有问题，接着经老同学提醒后基本清楚了问题所在，最后与大家讨论后掌握了问题关键。从谢耀丰对这件事情的反思中我们可以明白，一位优秀管理者可以是“游戏规则”的制订者，但不能因盲目追随潮流而忘乎所以；可以在社会浪潮中改变某些方面，但不能抛弃本身特色。从这里，我们可以学到关于反思的三个方法。

第一是定位法。卓越的校长必须会“治”，“治”在教育管理角度上的意思是治理，而不是管制。教育管理就是通过协调教师队伍，充分发挥教育资源中人力、财力、物力等的作用，实现开展高效的教育活动的过程。所以，处在校长的位置上更需要广开言路，虚心受教。作为管理者，校长更应具备法治精神和规则意识，不仅要转变思想，重视自身管理手段的正当性与合法性，也要培养师生的制度意识，使其积极参与到学校的各项建设中来。如果校长在犯了错误或者出现失误后能够在公开场合反思自身存在的问题并加以改正，那大家更会积极反思，努力提高自己，整个教育活动便会进行得更加顺利。

第二是记录法。校长也好，教职工也罢，完成了某项工作之后，都可以将一些特定的事情或对话记录下来，在记录时可以偏重于自己重视的内容。如果是第一次接触或者是屡次出现的问题，可以详细描述，重在找出问题和反思自己的不足，学会去探寻其中所隐藏的价值与意义。

当然，校长若是时间紧，不妨在夜深人静的时候再去理顺今日事。不光可以记录人物，也可以写写事情，或者记录下大家的反馈，这些有助于校长在反思时更真切地体验当时的情境，产生更深刻的认识。

第三是内省法。从事物发展内在动力和外在动力的辩证关系看，内因始终是决定事物发展的根本原因。因此，谢耀丰在听取大家的反馈后就先从自身找原因，深刻反思，而没有自以为是。当然，要做到自省，还需要谢耀丰本身有渴望进步和获得专业成长的要求，如此才能构成行为的内在动力。有了渴望持续成长的动机，才能充分意识到批判反思对自身专业成长促进的必要性，才能自觉形成批判反思的习惯。久而久之，这种习惯可以内化为自身的生活方式。所以，管理者本身要有积极健康的心态，既要总结自己优秀的一面，也要找出自己的不足。要敢于质疑，也要容许被人质疑，如此才能达到反思的目的。

校长是学校的“领头羊”，若能够从学校发展的角度进行深刻反思，则能赢得大家的认可，做起事来也将更有力量。反思并加以改进不是每个人都能够做到的，这凭借的是坚强的意志、深刻的认识，还有可敬的勇气。谢耀丰做到了，并且做得很好。

智慧箴言：反思并加以改进不是每个人都能够做到的，这凭的是坚强的意志、深刻的认识，还有可敬的勇气。

经历一些事情后，谢耀丰有了更多的认识，逐渐积累了一些教育管理智慧，处理校务也越来越顺利。他的经历让我们明白：无论大小事都应该进行反思，否则难以发现问题，无法审视自我，更谈不上突破与创新。教育管理反思的实质是：思考者把自身行为当作对象，对其进行监测、分析、研究、评价，只有如此，反思才能产生智慧。学会反思，不仅是一种能力的需要，更是一种陶冶素养的需要。那么，素养该怎么陶冶呢？这就是谢耀丰修炼智慧的第三个策略。

策略三　素养的陶冶

学校有一栋三层楼，位于离主教学楼不远的东南方向。这栋楼简朴庄重，是学校的图书馆。图书馆的建成，是谢耀丰到该校后办成的第一件实事。在此之前，学校没有图书馆，图书就堆放在杂物房里，长期没人管理。没有图书馆，就谈不上让师生们多读书，这对一所学校来说是不可思议的事情。谢耀丰向上级申请建设图书馆，获得了批准。因为没有资金安装空调，夏天的图书馆常常是没人愿意去的。谢耀丰组织后勤人员在图书馆前面建了一个喷水池，并在周围种了花草，这样一来就较好地缓解了图书馆的闷热问题。

从主教学楼去往图书馆需要大家绕半圈，路程算是有点长。自从有草坪后，大家不自觉地在草坪上面"开辟"了一条新的道路，这条路看起来十分扎眼。

总务处主任忙补种上花草，并向谢耀丰建议在喷水池周围立牌提醒大家不要再踩踏，谢耀丰没有同意。谢耀丰认为还有更好的办法，并给他讲了一个故事：

在一场暴风雨里，一位朝圣者来到了一家客栈，客栈老板问他要到哪里去。

"我要到山上去。"他回答说。

"算了吧。"客栈老板说，"上山的路很危险，而且天气也很糟糕。"

"但我是要上山的。"朝圣者回答说，"如果我的心灵首先到达那里，那么我的身体跟着它就会容易多了。"

"心在哪里，身体就在哪里。"谢耀丰对总务处主任说，"一个人如果没'心'，你纵使天天补种上花草，也不够他们天天践踏的。我们要想把这个问题解决掉，得先从'心'开始。"

总务处主任不相信谢耀丰这个说法，决定采用"补锅法"，也就是一见草地被践踏就马上补种上花草。但是，如此反复补种了几次，土地终于“发脾气”了——花草再也长不起来了。

总务处主任去找谢耀丰，说最好将这块草坪铲掉，铺上水泥。谢耀丰还是那句话：“解决根本问题，要从‘心’开始。”谢耀丰认为学生有这样的行为，只有一种解释，就是学生不会爱、不懂爱，都与“心”有关。谢耀丰决定帮大家找回这颗“心”，他没有让人铲掉草坪，而是做了另一些事情。

首先，整体规划。谢耀丰请园艺设计师对校园进行美化设计，并把预计效果图张贴了出来。这种做法有两个用意，一是让大家知晓学校要美化校园这件事，实际上就是活动宣传；二是向大家公示，学校环境将施行民主管理。

其次，具体实施。谢耀丰与后勤处的工作人员一起种植花草，施肥浇水。由于花草是刚刚种植的，浇水不能太急，怎么办？众人就把废旧大可乐瓶瓶底戳了几个小洞，然后把水装在里面慢慢喷洒，这样可以保证每一处花草都免遭“水灾”。第二天早上，学生看见老师们每人拿着一个大瓶子在浇水，就好奇地问：“学校是不是种了什么好玩的东西，你们在干什么？”谢耀丰回答说：“给花草浇水。请大家像我们这样多爱护她们，如果你们给她们爱，她们就能给你们一片绿茵。”

第三，全校动员。谢耀丰的动员与别人不同，他采用的是才艺比赛的方式。这次才艺比赛主题是“爱我校园”，形式分为三种：征文比赛、摄影比赛、表演大赛。每类形式设一、二、三等奖若干名，将对获奖者给予物质和精神奖励。大家的参与积极性非常高，差不多每个人都参加了。这就是谢耀丰的聪明之处——与其强迫学生，不如激励他们。

最后，身体力行。后勤处不让谢耀丰参与到种植花草、施肥浇水中来，谢耀丰不同意。学生看到校长以身作则，也都积极行动了起来。学生会主席领着各班班干部赶来，一起向谢耀丰保证：一定呼吁广大同学一起建设、爱护绿化环境。谢耀丰说：“好，希望你们既有‘言’，更有‘行’!”接着又干了起来。

有总务处专门人员，有学生义务劳动，其实美化校园的工作用不着谢耀丰亲自上阵，他为什么还要亲力亲为呢？下面以一个故事来解释一下。

有一个居民小区，大家都习惯了把垃圾倒在巷口的那块空地上。日子长了，小区满地脏乱。后来，环卫部门在这里放了个垃圾箱，但是小区的卫生状态仍然没有好转。

终于有一天，墙上出现了一行字："请上前几步倒垃圾!"措辞很和气，可是没用，乱倒垃圾的现象依旧。

又一天，人们发明墙上的字改了："请勿乱倒垃圾!"语气是命令式的，可是十几天过去了，情形仍未好转。

隔了几天，墙上的字换成了"乱倒垃圾者罚款100元!"提示的口吻变得很严厉，似乎极具震慑力，可还是没人理睬。

再后来墙上出现了一行骂人的话："乱倒垃圾者是猪狗!"但谁会买账呢？这种警告的效果可想而知。

谁也没想到，突然有一天终于没有人在这里乱倒垃圾了，四周也再找不到一点儿脏物，墙上那条更换了多次的标语也不见了。

这是怎么回事？原来是因为一位年逾花甲的失明老者。自从老者和老伴儿住在这个小区之后，每天早晨要做的第一件事就是出门走30米去倒垃圾。奇怪的是，他总能准确地把垃圾倒进垃圾箱。

有人问他："大爷，您双目失明，怎么把垃圾倒进箱里去的？"

老者答道："开始也不准，时间长了，我心里就有数了。"

人们退而思之，叹服不已。好一个"我心里有数"!

人们的善心和良知往往会受他人善举的影响，这种影响会在潜移默化中慢慢转变为人们的行动，这就是榜样的力量。

谢耀丰当然明白这个道理，所以，尽管事务缠身，他还是会争取抽出时间和学生一起给花草浇水，打扫卫生。他用实际行动给学生上了一堂深刻的德育课。教育是"心灵的对话"，懂得了"心"，教育便成功了一半。这正是谢耀丰的高明之处。

一位教育名家说："一位成功的校长，他的办学思想和管理实践应该是一个相互联系相互促进的统一体。"谢耀丰的办学思想很好地体现在了实践上。他一直奋斗在教育第一线上，从来没有离开过。喜欢、尊重和包容学生，甘愿"捧着一颗心来，不带半根草去"，这是他所达到的境界。在教育工作管理上能够全身心、满腔热忱地付出，能深刻彻底地思考、谦虚谨慎地学习，这是谢耀丰获得教育智慧的关键所在。

江苏凤凰教育出版社
《行知工程》系列丛书目录

系列	序号	书　　　　名	主编	定价
校长领导力系列	1	《校长智慧统筹的领导力》	谢耀丰　蔡丽姗 王林发	30.00
	2	《学校细节管理的执行力》	林文明　王林发	30.00
	3	《学校持续发展的研究力》	林文智　宋佳敏 王林发	30.00
	4	《学校和谐融洽的协作力》	陈一平　郭雪莹 王林发	30.00
	5	《学校教育提升的引领力》	谢文东　关敏华 王林发	30.00
	6	《学校团队成长的学习力》	黄纪　蔡美静 王林发	30.00
	7	《学校高效管理的创新力》	张旭	30.00
	8	《学校成功管理的决策力》	邱黎明	30.00
	9	《高品质学校生长要素》	王益民	30.00
	10	《校长高校教学领导力提升策略》	徐世贵　郭文智	30.00
创新教学探索系列	11	《做童年面前最合适的人——我和孩子们的“童化语文”》	曹丽秋	30.00
	12	《品世界名画，学精彩作文 ——特级教师的“名画”作文教学法》	李日芳	36.00
	13	《玩出精彩作文——张化万活动作文教学经典策略》	张化万	35.00
	14	《〈红楼梦〉里的语文课》	李日芳	30.00
	15	《让学生把母语用精彩——“语用课堂”的探索与实践》	佘小红	30.00
	16	《“备”出课堂精彩——备学式教学的课堂实践与思考》	张旭兰	30.00
	17	《神奇的阅读教室——带学生踏上美妙的阅读之旅》	李祖文	30.00
	18	《打造有生命力的课堂 ——“两步八环节”教学模式探索与实践》	查联智	30.00
	19	《最能培养学生探究能力的课堂 ——小学科学与信息技术单元整体课程实施与评价》	李怀源	30.00
	20	《最能激发学生运动天赋的课堂 ——小学体育单元整体课程实施与评价》	李怀源	30.00
	21	《最能提升学生艺术素养的课堂 ——小学艺术单元整体课程实施与评价》	李怀源	30.00
	22	《“生命语文”探索——焕发语文生命力的思考与实践》	王自成	30.00

系列	序号	书　　名	主编	定价
创新教学探索系列	23	《粘连作文教学：让习作成为有个性的自我建构》	黄瑞夷	30.00
	24	《备学式教学——在体验中建构数学思维》	单广红　范雪梅	30.00
	25	《向着自主进发——自主教育的创新实施智慧》	朱亚红	30.00
	26	《写中学——让学习更有效的学科写作教学》	钟传祎	30.00
	27	《小学科学实验总动员——大科学课堂有效提升学生创新力》	江美华	30.00
	28	《小学语文单元整体课程实施与评价》	李怀源	30.00
	29	《小学英语单元整体课程实施与评价》	李怀源	30.00
	30	《小学数学单元整体课程实施与评价》	李怀源	30.00
	31	《让教学更能激发智慧——"思维碰撞"课堂的建构与实施》	程和方	30.00
新思维系列	32	《让后进生学习有后劲之36计》	严育洪	30.00
	33	《教育中的"不一定"——打破教育的19种思维惯式》	严育洪	30.00
教师修炼系列	34	《与学生一起成长——90后教师的心路反思》	王　晗	30.00
	35	《教育，爱与宽容——教师心灵礼仪修炼》	许力争	30.00
教育家核心思想系列	36	《叶圣陶论写作》	叶圣陶 著 李怀源 选编	30.00
	37	《叶圣陶谈阅读》	叶圣陶 著 李怀源 选编	30.00
	38	《多元智能理论的本土化应用》	刘治富	30.00
	39	《大教育家最具施教力的教学思想》	白刚勋	30.00
教育求索系列	40	《欣说教育那"一亩三分地" ——一位一线教师的教育微思考》	王庆欣	30.00
	41	《爱的守望——一位一线教师对教育的坚守》	林卫红	30.00
	42	《思政教学的人文力量》	戴晓华	30.00
	43	《师道新说——给教育者的30条箴言》	徐　卫	30.00
学生心理解码系列	44	《在人生的春天播种——十四岁，写给青春的一封信》	白宏宽	30.00
	45	《孩子问题行为一点通 ——只有好老师才知道的学生心理谜底》	严育洪	30.00
校本研修系列	46	《徜徉语文教研》	肖俊宇	35.00
	47	《校本研修资源的开发与利用》	陈朝林	30.00
	48	《校本研修与教师专业成长》	吴积军	30.00
	49	《卓越教师经典研修成长策略》	刘天宝等	30.00
	50	《特色校本课程开发范例解读》	刘永平　李秀伟 张雪梅	30.00
	51	《高效校本研修模型构建艺术》	刘素雁	30.00
	52	《走向实践的教研——中小学教育科研引领与应用》	江　敏	30.00

系列	序号	书名	主编	定价
名校系列	53	《让每个孩子都成志——清华附小主题阅读课程的实施探索》	窦桂梅	30.00
	54	《让每个孩子都成志——清华附小主题实践课程的实施探索》	窦桂梅	35.00
	55	《向着朝阳走去——清华附小合作办学实践探索》	窦桂梅	30.00
精彩课堂系列	56	《给孩子更好的数学课堂》	易增加	30.00
	57	《小学生阅读素养的提升策略》	邵巧治	35.00
	58	《从语文素养走向生命成长——小学语文读写课堂教学密码》	曾海玲	30.00
	59	《真实的品德课》	朱淑秀	30.00
	60	《英语课堂学习共同体——新型的师生交互学习场》	杨延从	30.00
	61	《指导自主学习——初中数学学与教的研究与实践》	刘其武	30.00
	62	《玩出精彩的课堂——小学低年级教与学方式转变研究》	陶红松	30.00
	63	《让生命之花自主绽放——语文个性化教学建构策略》	商德远	30.00
	64	《让学生亲历知识——主体参与下体验式学习的实施策略》	何世祥	30.00
教育思想者系列	65	《高效教学的道与术——陶继新教育讲演录》	陶继新	30.00
	66	《名校之道——陶继新对话名校长（1）》	陶继新	30.00
	67	《教育，一切从孩子出发》	黄　俭	30.00
教育管理力系列	68	《缔造唯美教育——延奎小学素质教育实施策略》	易增加	30.00
	69	《让普通学校崛起的 20 个细节——“生命为本”教育团队成长密码》	李其玉	30.00
	70	《“走”出教育的精彩：走动式学校管理文化构建》	罗　军	30.00
	71	《校长兵法：学校管理四十六计》	皮大鹏	30.00
班级文化系列	72	《活力班级的文化建设》	胡　珏	30.00
	73	《做幸福的班主任》	吕　丽	26.00
高效能教学系列	74	《高效能教师的 10 个好习惯（中学卷）》	张　瑾	30.00
	75	《让作文落地生根——提高写作实效的教学策略》	黄桂林	30.00
	76	《高效能作文教学 5 项修炼》	陈步华	30.00
	77	《高效能校长的 10 个好习惯》	张　勤	30.00
	78	《高效能教师的 10 个好习惯（小学卷）》	谢　英	30.00
	79	《高效能语文教学 5 项修炼》	王其华	30.00
新课程探索系列	80	《语文新课程的批判与重建》	葛桂斌	30.00

系列	序号	书名	主编	定价
美国名师教学译丛	81	《美国名师游戏教学本土化应用：幼儿园》	（美）玛西娅 L. 泰特 著 胡珍 瞿菁 编译	30.00
	82	《美国名师游戏教学本土化应用：小学英语》	（美）玛西娅 L. 泰特 著 杨永华 张心影 编译	30.00
	83	《美国名师游戏教学本土化应用：小学数学》	（美）玛西娅 L. 泰特 著 谢艳红 编译	30.00
	84	《美国名师游戏教学本土化应用：小学科学》	（美）玛西娅 L. 泰特 著 刘丽萍 编译	30.00
	85	《美国名师游戏教学本土化应用：小学社会》	（美）玛西娅 L. 泰特 著 姜梅芳 编译	30.00
	86	《美国名师游戏教学本土化应用：小学音体美》	（美）玛西娅 L. 泰特 著 尹立志 编译	30.00
鲁派名师名校·教育探索者系列	87	《悦读立人——校园阅读文化体系构建策略》	杨世臣	30.00
	88	《教育智慧何处来——一位特级教师的思考手记》	付立金	30.00
	89	《和雅文化——校本课程的创新构建》	汤善香	30.00
	90	《让个性绽放精彩——学校课程体系整合与创生》	谢建伟 徐淑萍	30.00
	91	《让每个学生都幸福——最能润泽生命的学校文化建设》	谢建伟 张新喜	30.00
生态化校园系列	92	《文化管理——构建生态和谐校园的必由之路》	付全新	30.00
	93	《点燃学习的激情——构建校园生态化学习型组织》	杨树岳	30.00
	94	《课改突围——构建学校生态化教学体系》	杨树岳	30.00
教育新思考系列	95	《语文教育向何处去》	王 丛	26.00
	96	《教育，就是做好普通的事》	孙志毅	27.00
	97	《走出语文的偏见——让学生体悟文本的原义》	丛智芳	30.00
	98	《让语文教学更高效——批注式阅读教学探索》	韩中凌	30.00
	99	《读写互促——探寻学以致用的语文教学》	曹 龙	30.00
	100	《跳出数学教数学——用文化融通数学教学》	马建秀	27.00
名师感悟系列	101	《让心灵伴着歌声成长——22位音乐名师的教育智慧》	陈 璞	30.00
	102	《超越自我的教师——32位名师的成长感悟》	李卫东 李秀伟	35.00
	103	《心灵的守护者——19位名班主任的教育智慧》	王晓松 曲文弘	30.00
	104	《名师感悟班主任有效工作艺术90例》	符礼科	30.00
	105	《名师感悟有效教学90例》	林高明 徐玉烟	30.00
信息化教学系列	106	《巧用白板教语文——信息技术与语文教学操作指南》	蒋丽清	30.00
	107	《跨越式实现高效课堂 ——信息技术与课程整合高效教学方案评析》	陈 玲 刘 禹	30.00

系列	序号	书　　名	主编	定价
教师必读系列	108	《教师必学的 16 堂修养课》	武宏伟	30.00
	109	《教师不可不知的教学心理效应》	叶勇军	30.00
	110	《班主任不可不知的管理效应》	奚一琴	30.00
	111	《教师不可不知的教育心理效应》	孙　媛	30.00
	112	《校长不可不知的管理效应》	谢申刚　张金豹	30.00
	113	《成为好教师的 7 项修炼》	王福强　李维华	30.00
	114	《如何让学生会学习》	龙　冰	30.00
	115	《如何让学生爱学习》	周震宇　许小燕	30.00
核心教学主张系列	116	《新生代语文名师核心教学主张》	许友兰	30.00
行思讲坛系列	117	《灵动而朴素地教语文——潘文彬的微格教育生活》	潘文彬	30.00
	118	《师爱无疆——润泽学生心灵的教育故事》	侯忠彦	30.00
	119	《怎样反思更有效 ——促进教师专业发展的反思策略》	诸贝贝	30.00
	120	《成为高度自觉的教育者——写给后课标时代的数学教师》	许卫兵	30.00
	121	《哲思数学课》	刘全祥	30.00
	122	《智慧数学课——黄爱华教学思维的实践策略》	黄爱华	30.00
	123	《童趣数学课》	徐　芳	30.00
	124	《把学生教聪明》	严育洪	30.00
	125	《教师最应该规避的教育误区》	杨坤道	30.00
	126	《用语文的方式教语文——潘文彬教学主张与实践智慧》	潘文彬	30.00
	127	《怎样让阅读教学更有效 ——提升教学能力的十种读诵模式》	汪秀梅	28.00
	128	《让生命在润泽中起舞 ——当代小学生最需要的主题班会》	吴联星　罗　琳 冯卫东	30.00
	129	《让生命欢快拔节 ——当代中学生最需要的主题班会》	冯卫东　吴联星	30.00
	130	《课堂因生成而精彩——高效教学的生成智慧》	张文质	30.00
	131	《回到每一个人的生命化教育 ——张文质二甲中学教育行动录》	张文质	30.00

系列	序号	书名	主编	定价
中国教育变革之路丛书	132	《百年树人师何为——教师队伍建设困顿与出路》	将丽珠　李玉向	30.00
	133	《入园何时不再难——学前教育困惑与抉择》	曾晓东 范　昕　周　慧	30.00
	134	《三尺书桌何处寻——流动人口子女教育困难与破解》	范先佐	30.00
	135	《苦旅何以得纾解——高考改革困境与突破》	郑若玲	30.00
	136	《择校纠结何时了——择校问题困局与治理》	曾晓东　周文海 曾娅琴	30.00
创新教学思想系列	137	《“大问题”教学的形与神》	黄爱华　张文质	30.00
教育漫笔系列	138	《课堂，诗意地栖居》	吴书华	30.00
教学提升系列	139	《有思想地教阅读——让学生学会品读文字真意》	王学东	30.00
教育艺术提升系列	140	《藏在师生体态语言里的教学智慧》	张　宇　廖生波	30.00
教学全手册系列	141	《小学习作教学全手册》	郭家海	30.00
	142	《中学写作教学全手册》	郭家海	30.00
	143	《情境教学操作全手册》	冯卫东	35.00
	144	《合作教学操作全手册》	李春华	35.00
	145	《探究教学操作全手册》	周新桂	35.00
	146	《自主教学操作全手册》	诸葛彪	35.00
	147	《创新教学操作全手册》	王　玮	35.00
	148	《班主任工作全手册》	刘沛华	35.00
	149	《新教师工作全手册》	周震宇	35.00
	150	《学生心理健康教育全手册》	刘海莉　刘春杰	35.00
	151	《高效教学操作全手册》	马友平	35.00

系列	序号	书　　名	主编	定价
创新人才培养系列	152	《创新人才培养校园科普精品课程开发与指导 ——人大附中创新人才培养》	罗　滨	30.00
	153	《创新人才培养特色校本课程开发与创新人才培养 ——清华附中“国际安全下的科学技术”课程构建与实施》	王殿军　方　研 赵宏雁	30.00
	154	《创新人才培养：学校实验室建设与管理》	刘克文 杨发丽　杨　平	30.00
	155	《创新人才培养：数学探究活动开发与指导》	马云朋　韩继伟	30.00
	156	《创新人才培养：化学研究活动开发与指导》	王　磊	30.00
	157	《创新人才培养：物理探究活动开发与指导》	廖伯琴	30.00
	158	《创新人才培养：地理探究活动开发与指导》	张建珍　陈　澄	30.00
	159	《创新人才培养：生物探究活动开发与指导》	张迎春	30.00
	160	《创新人才培养：理念探索与思维突破》	王晶莹	30.00
新生代通派名师系列	161	《简约数学教学》	许卫兵	30.00
	162	《语文教学的本真——情意课堂展现母语之美》	吴建英	30.00
	163	《语文课堂的理想追求——欢快达成三维目标》	董一红	30.00
	164	《阅读教学的真髓——意象构建读出文学的真美》	祝　禧	30.00
	165	《美术教育的真谛——审美人生教育让生命绚丽成长》	陈铁梅	30.00
	166	《语文教学的理想境界——无痕教学润泽生命》	李　凤	30.00
	167	《儿童作文的本义——嬉乐作文让儿童乐并成长着》	王笑梅	30.00
	168	《名师是怎样炼成的》	王建明　王笑君	35.00
幼师成长系列	169	《幼儿行为背后——教师如何读懂幼儿的心思》	吴亚英	30.00
	170	《最具教育力的 22 种幼儿教育思想》	杨　达	30.00
	171	《幼儿教师必知的安全应急措施》	杨　达	30.00
	172	《幼儿教师必备的教育技能》	李　玲	30.00
	173	《卓越园长 21 条幼儿园管理策略》	周　丹　江东秋	30.00